大樂文化

大樂文化

大樂文化

如何打造「長銷」的

思考框架

學習邏輯、提問5堂課，解決想不出創意的困擾！

茢野進◎著
童唯綺、黃瓊仙◎譯

CONTENTS

LESSON 1

如何在「有限的資訊」中，累積企劃功力？ 033

LESSON 2

學會「建立假說」的流程，讓你的提案有邏輯 057

LESSON
3

運用「邏輯思考」2大方法，確立企劃的方向

第二部 設定問題的能力，決定企劃成功機率！

LESSON 4

推薦序一

變遷社會中的致勝思維

浩域企業管理顧問股份有限公司董事長
孫易新心智圖法培訓機構創辦人　孫易新博士

「創新」在韋伯字典中的意思是「改變」（to make change）。當今世界唯一不變的事情就是一切都在變！當改變成為常態，整個社會便邁入快速變遷的時代，管理大師彼得・杜拉克（Peter F. Drucker）曾說：「不創新，即死亡（Innovate or Die）」。這是由於我們處在急遽且持續變化的環境，原本解決問題的方法可能面臨不適切、不全面的窘境。

榮獲兩屆諾貝爾獎的萊納斯・鮑林（Linus Pauling）指出，解決問題時，為了找到一個好的解決方案，首先得研擬許許多多的方案，然後把不合適的刪掉，這個方法也是腦力激盪的重要法則。因此，我們必須產生新的思維反應，使問題解決過程更臻圓滿。

創造性問題解決過程就是希望在面對問題時，能跳脫問題的刻板情境，從有別以往的知識、經驗中，做出各種可能的反應，同時兼顧新奇性與實用性，以建立出具有創造性的問題解決方案。

創意思考是創新的前提，創意的產生是為了有效解決問題。如果你想要掌握具有創新性的邏輯思維模式，《如何打造「長銷」的思考框架》將為你在黑暗中點亮一盞明燈。作者用不同的實際應用案例，以及多種創新思維模式，不僅點出你我在工作中都會碰到的問題，而且提出具有創意、合乎邏輯的解決方案，讓我們增進洞察力，並大幅提升工作績效。

由於此書極具實用價值性，特為文推薦。

推薦序二

如何在「有限的時間與資訊」下尋求最佳解？

兩岸知名企業創新思考教練　劉恭甫

在我們的求學過程中，所有考試題目通常都有一個標準答案，於是我們逐漸習慣尋找唯一的標準答案。但是，長大後進到職場，所有工作上的問題通常都不會只有一個標準答案，更不會只有一個正確答案。

也就是說，我們花十幾年訓練如何尋找標準答案，但在進入職場的第一天，就被要求以沒有標準答案的模式思考，說實話，這對每個人來說都是件可怕的事。

我在企業教授創新課程時，常告訴現場同學：「創新思維其實是面對困難的獨立思考能力。」因為大部分的工作都要解決某些問題，同時面對某些困難。

舉例來說，在解決銷售不佳、績效不好、客戶不滿意等問題時，還必須面對資源不足、流程複雜等困難。這些問題沒有標準答案，需要具備獨立思考的能力去完成。

《如何打造「長銷」的思考框架》這本書，能幫助我們在沒有標準答案的職場中，快速訓練獨立思考。我非常喜歡本書強調的第一個觀念：「在有限的時間與資訊中思考並解決問題。」

我認為「有限的時間與資訊」是本書最重要的核心觀念。在學校，老師出題考試，需要提供必要且接近完整的資訊，讓你得以求出正解。但在職場，沒有人會提供這麼完整的資訊讓你尋找答案、解決問題。因此，每個人都應該學習，如何在「有限的時間與資訊」下思考。

正因為時間與資訊有限，所以必須進行精準的假設，才能深入地找到問題核心，而這個思考框架是建構在沒有標準答案的思考過程中。

《如何打造「長銷」的思考框架》的內容，與我在著作《X計劃》中提到的觀念不謀而合。每個人都必須建立自己的思考框架，有了這個思考框架後，就能建構出自己設定問題、建立假說、思考解決方案、修正調整的方式。唯有掌握這種思考模式，才能在有限的時間與資訊中思考問題與解決問題。

看完全書後，我非常驚訝作者可以用如此簡單的步驟，將思考、解決問題的過程形成一個思考框架。這本書期待讀者建立的思考框架主要有三個步驟：

步驟一：理解並設定問題。

步驟二：做出決定。

步驟三：分析、修正做決定後遇到的問題，並活用於下次機會。

為什麼這三個步驟值得讀者學習？快速解決問題是職場重要能力之一，於是我們在思考過程中，習慣想好答案後直接做出決定。但是，作者認為做出決定前，若無法理解並設定問題（步驟一），極可能導致決策方向錯誤。做出決定後，若沒有加以分析與修正（步驟三），將無法得知所做的決定可否有效解決問題。

這三個步驟就是邏輯思考的關鍵，如果能在遇到問題時運用這三個步驟，就可以有效解決問題。

本書以淺顯易懂的案例與說明，帶領讀者在沒有標準答案的情況下訓練思考。職場中沒有正確答案，相信本書介紹的邏輯思考方法，能有效幫助你在有限的時間與資訊下順利解決問題，誠摯推薦給你！

前言 東方人從小就被制約，因此想突破就得……

我曾任職於企管顧問公司，之後任教於以小學生為對象的補習班長達十年，傳授有助於提升問題解決能力、邏輯思考力的思考方法。

企管顧問為了解決各種問題，需要花費數年學習思考框架，並且融會貫通。我將這套思考框架以小學生也能理解的方式，寓教於樂地指導學員。本書也將透過小學生實際的問答範例，讓大家輕鬆學會解決問題的技巧。

我深刻體認到思考力並非與生俱來，而是學習簡單技術與調整心態，才得以獲得大幅的成長與發展。此外，憑藉這份力量，不論工作或人生旅途都能茅塞頓開、豁然開朗。

成為社會人士後，每天都會碰到各式各樣的問題想要加以解決。例如：想提升工作效率、加速處理速度；希望對方認可自己的提案、簡報或企劃；想要與合作對象或同事圓融地溝通；希望計畫及目標能順利達成等。

然而，許多人不太擅長解決問題，因為從小學開始就深受考試至上的觀念影響，導致「若沒找到正解，思考就沒意義」的結果主義思維，在腦海裡根深柢固。即使是經過深思熟慮所得出的結果，只要結論有誤，就會遭到全盤否定。

於是，對大多數的人來說，學校成為老師傳授正確解答，而非自己運用頭腦，在未知中找出答案的地方。這種想法深深影響我們的行為模式，導致對自己的想法缺乏自信，等別人提供答案。也就是說，大腦呈現停止思考的狀態。

但是，我們成為社會人士後，卻突然被要求必須具備獨立思考能力，解決工作上的問題。我想正在閱讀本書的你，必定對這樣的落差感到困惑，而在尋找克服的方法。

事實上，現實社會與學校充滿考試的環境，本來就有很大的不同。在現實社會中生存，沒有所謂的百分之百正解，無論等待多久，也沒人會有正確答案，或是告訴你該怎麼做。因此，在工作上，不應一味記下前人或前輩認為的正解，而是要融入自己獨立思考的過程，提升整體的經驗。

尤其在商場上，不存在百分之百正解，我們必須盡可能培養精準思考出務實解決對策的能力。也就是說，面對沒有正解的問題時，應該絞盡腦汁思考，整理出自己的意見及答案。

思考框架不只能提升工作效率，連日常生活都變得充實！

被要求「自己思考」時，通常會倍感壓力、陷入一陣恐慌，心想：

「萬一搞錯了該如何是好？」
「失敗了怎麼辦？」
「責任可能得自己扛。」
「要承擔後果。」

這種狀況不只出現在工作上，在日常生活中也比比皆是，有時甚至連購物都會感到不安。

你或許有這種經驗：為了從前例中尋找答案，一味地調查、搜尋，結果還是找不到，而感到徒勞無功。本書將介紹讓人不再害怕自己思考的心態轉變與具體技巧。思考不只是為了得到正解，過程中還能產出各種附加價值。

本書將介紹「分解問題」、「擬定假說及實驗」、「用各種指標進行評價」的流程，幫助你在錯誤中嘗試，朝更好方向邁進。

請不要感到驚慌失措，只要能夠持續修正與反省，就足以應付生活中的各種難題。本書重現補習班的邏輯課，搭配演練與問答方式，介紹思考與解決問題的初步框架，例如：**自行設定問題；適當地實驗與測試；將已知事物重新組合，創造嶄新的自我思維**等。

學習不同思考框架不會損害創造力，反而能讓創造力源源不絕。此外，思考方式不只是思考的過程，若能有效運用將使工作順利推展，人生也會更豐富精彩。

本書解說的問題解決技術連小學生也能使用，想必身為社會人士的你更能運用自如。衷心盼望讀者都獲得自己思考的充實感。

NOTE

這世上不存在百分之百的正解，無論什麼決定，
都難免有不妥之處，或是可能巧逢意外發生。

序章

動手寫企劃之前，得先學會獨立思考

害怕為自己的決定負責？用3步驟獨立思考來解決問題

情境一：總是左思右想、猶豫不決？

林老師：「大家想做什麼類型的題庫呢？」

A學生：「我比較喜歡難一點的題庫。」

B學生：「我喜歡在困難之處有仔細說明的題庫。」

邏輯歐：「嗯，我不知道耶！」

林老師：「學習過程中，你覺得哪裡最困惑呢？」

情境二：做出決定後，寧可將錯就錯？

林老師：「邏輯子選擇哪本題庫呢？」

邏輯子：「我選網路上評價高的這本！」

林老師：「這本大受好評，用起來如何？」

邏輯子：「我雖然也在寫練習題，但並不清楚，
　　　　反正大家都說好用。」

林老師：「你不清楚的地方在哪呢？」

邏輯子：「嗯，總感覺不太好懂！」

各位認為以上的對話如何呢？在 Lojim 補習班❶中，課堂上常會出現上述的場面。邏輯歐和邏輯子碰到必須自己判斷、做決定的情況時，感到為難的分別是以下兩大關鍵：

邏輯歐是缺乏做決定時收集資訊的能力。

邏輯子是缺乏做決定後修正的能力。

邏輯歐打從一開始，就不清楚買題庫的目的是什麼，無視自己的煩惱。由於沒有事先收集及整理資訊，因此不知道該考量什麼條件，也遲遲無法做出決定。

另一方面，邏輯子投注過多心力去收集網路評價，因此光是做出決定，就感到精疲力竭、力不從心。

這世上不存在百分之百正解，無論什麼決定，都難免有不妥之處，或是可能巧逢意外發生。只有接受並分析不完美，再修正成自己可接受的狀態，才能有效解決問題。

如果無法好好做決定，可能會因為猶豫不決，而浪費大量時間，或是在決定後不滿意，只好一直換新的題庫。

為了能獨立思考並順利解決問題，必須學會以下三個步驟，並靈活運用。

步驟一：理解並設定問題。

步驟二：做出決定。

步驟三：分析、修正做決定後遇到的問題，並活用於下次機會。

單論步驟二而無視步驟一與步驟三，將無法有效解決問題。如果缺少步驟一與步驟三的考量，做決定將會變成一種恐懼，因為一旦做出決定，就必須負起責任。簡單地說，如果沒有將這三個步驟放在一起考慮，就無法做出能解決問題的決定。

❶ 本書作者開設的補習班，專門教授邏輯訓練課程。

面對職場上沒正解的問題，邏輯思考是你的最佳武器

剛開始可能很難習慣，做決定前要遵循步驟一「理解並設定問題」，因為我們從小到大接受的訓練，總是只要求解答「已有確切答案」的問題。但是，大人的世界中，必須自己設定可確實產生效果的問題，並且達成任務。

學習在做決定前收集必要的正確資訊，也是本書的目的之一。前文的邏輯歐就是沒有事先收集資料、設定問題，因此突然被要求回答時，無法提出答案。

另外，步驟三「分析、修正做決定時遇到的問題，並活用於下次機會」，對日本人來說相當棘手，因為除了技術性的缺失之外，也與文化特性形成衝突。目前日本瀰漫著一種氛圍：「自己無法在挫折中成長，也不期待別人從失敗中站起來。一旦失敗就是扣分，一切都完了。」

我們必須轉換這種負面的思考態度。事實上，唯有歷經無數失敗的人，才能累積解決問題的豐富經驗。希望讀者能藉由此書，了解遭遇失敗與持續在錯誤中嘗試的重要性，並引導出有效的資訊，最終學會獨立思考、判斷的技能。

本書分成以下兩個部分：

第一部（第一堂課至第三堂課）：問題解決力。

第二部（第四堂課至第五堂課）：問題設定力。

第一部的問題解決力，主要介紹持續在錯誤中嘗試的技巧（即步驟三），而第二階段的問題設定力則集中探討設定問題的技巧（即步驟一）。

跳過問題設定力，先從問題解決力開始學習是有理由的。事實上，比起學會解決能力，設定正確問題更為困難。綜合以上所述，讓我們先學習如何解決遭遇的問題吧！

Thinking

第一部

解決問題，是企劃案的最終目的！

Logical

準備萬全後，有憑據地進行決策，萬一失敗就從失敗中孕育出更精練的提案，再次做出決策。

LESSON 1

如何在「有限的資訊」中，累積企劃功力？

你常常陷入為了取得充分資訊，而裹足不前的困擾嗎？

「小孩成績不好該怎麼辦？」補習班的學生家長經常問我這樣的問題。

對於這個問題，大部分的人習慣在網路上搜尋各式各樣的資訊，而找到各種不同建議，例如：應該先專攻數學和國語、課後複習最重要、預習上課的內容。這些網路資訊各個都說自己的方法最重要。

結果，光是調查與收集資訊就花費大量時間，內心逐漸疲乏：「好累啊！不行了，我看這個先跳過吧。」這種情形在我的補習班裡相當常見。

光是調查很難做出決定，因為沒有人知道哪個建議百分之百適用於自己（自己的孩子），不管怎麼查都難以得知正解是什麼。

即使為了找出百分之百正確的答案而一直收集資訊，也不過是緣木求魚。正在閱讀本書的你可能也心想：「怎樣才不會做出錯誤決定？該如何好好解決問題？」卻導致原地踏步、裹足不前的情況發生。

我們每天都處在必須努力解決當下問題的狀況。舉例來說，業務員常被要求，要提高營業額、提升業務效率、增進工作效率。我們也常面對與未來相關的諸多課題，例如：提升自己的能力、怎樣有效運用時間。

想解決這些問題，我們必須做出決定。包括本節開頭提及的補習班家長，大多數的人都認為：「為了不做出錯誤決定，有必要充分收集資訊。」

然而，這種想法會讓我們陷入「資訊不完全就無法做決定」的泥沼，反而把自己逼入死角。因為人們做決定時，從來不會認為資訊已很完整、絕對不會錯，一味收集資料只會導致遲遲難以抉擇，任憑時光流去，到頭來問題仍然沒有解決。

做決定並非一次就到位，首先得啟動「解決問題的循環」

想要成績進步的學生和家長，應該先在有限的資訊與時間限制下實際行動，例如：練習計算題、及早接受學力測驗，然後基於結果考量下一步。實際行動產生的結果會形成有益的情報，還能提升下次行動的效果。

不少學生或家長會在網路上，一味搜尋優質無訛誤的參考書，但與其耗費時間做這種事，專心讀書更能提升學力。也就是說，付諸行動的人距離解決問題更近。

解決問題需要的決策技巧，就是根據接收的資訊迅速做出決定。只要迅速做出決定並往前邁進，往往能取得非常有益的新資訊。此外，迅速地實踐，並根據新資訊修正進行方向，就能游刃有餘地做出新決定。這一系列流程被稱為「解決問題循環周期」。

「做決定不是一次就到位」的概念，是循環中要特別注意的關鍵。解決問題是種循環周期，不像學校考試一樣，批改完答案就結束了。

事實上，有能力解決問題的人並非一次就找到最佳對策，而是快速地在錯誤中持續嘗試，並做出更精準的決策。

聰明的人根據「假說」做決定，從結果中學習經驗

你或許會納悶：所以我們什麼都不用想，只要先做出決定就對了？這樣當然不行。舉例來說，為了提升成績，在決定認真練習計算題之前，必須取得「練習計算題可能有效」的資訊，並且需要「大致做到什麼程度會產生成效」的評估基準。

如何將結果運用於接下來的決定也很重要。若練習計算題後，發現考試成績進步三分，這是不是代表應該練習更多計算題呢？

為了活用決策產生的結果，做出適當判斷，技巧是不可或缺的，因為做出決定之前和之後的思考方法，會左右所做的決策是零分還是滿分。

若練習計算題後，考試成績沒有提高，「練習計算題能提高分數」的假說就不成立，還會衍生「為了成績進步，必須練習更多計算題」、「練習計算題和分數提

高之間沒有相關」等新的假說，或是考察出「這次考試與練習計算題的成效不相關」等的結論。

另外，判斷結果的標準也值得細細思索。以練習計算題的例子來說，就是「計畫該分配多少時間練習計算題，才能獲得成效（想要的結果）。」

光是「分數提高了」這種含糊籠統的評價，無法判斷今後是否要持續「練習計算題」的行動。

工作上沒有一百分的答案，得接受「有缺點但務實」的解決方法

社會人士面對的問題和學校的讀書考試不可相提並論，因為沒有標準答案，更沒有一百分答案。

許多事情乍看之下已經解決，但或許還可以進一步追求更簡單或更迅速的解決方法。我們期望的並不是找到命中紅心的正解，最重要的是在有限的時間和金錢中，繼續追求進步。

與其為了找出夢幻的解決對策像是：「一週內進步五十分的讀書方式」，而不斷原地打轉，不如嘗試有實效的讀書方式，掌握「進步十分」、「這種讀書方法不適合我」等資訊，才是追求進步且務實的解決方式。

哪個企劃案最有效果？透過不斷嘗試形成「最優先行動準則」

我們必須解決的問題並沒有預備答案，因此面對問題時，若要尋求解決方法，就得改變根本的行為準則。

假設一百個選項中只有一個答案，一定存在唯一解答，沒找到就是零分。因此，為了找出正解而收集所有資訊的行動是正確的。

然而，如果問題是「怎樣的廣告案能帶動咖啡的銷售量？」即使有一百個提案擺在眼前，誰也無法保證哪個提案能帶來最大的廣告效益。這時，採取怎樣的行動才有價值？

不同於考試，光是找出一個解答沒有意義，只有實際驗證「採納這個提案會有如此效果」才有價值。基於驗證的結果，不僅能修正下週的廣告內容，而且有助於往後選出效益更卓越的提案。從上述例子可發現，最重要的是能內化失敗和非正解，並將其轉化為重要的數據資訊存檔於組織內部，進而提升下次行動的精確度。因此，應該將持續嘗試列為組織的「最優先行動準則」。

企劃案最忌不切實際，3道錦囊幫你避免紙上談兵

讀者聽過「AB測試」嗎？亞馬遜和臉書等大型網路服務系統，在運用新服務或變更網站設計時，通常會採取這種測試，目的在於實際測試最終方案。

在不同人的電腦上看到的亞馬遜網站設計可能會有出入，原因是亞馬遜設計出幾種不同的網頁，以調查使用者分別會有什麼反應，最後將評價高的網頁當作決策依據。這個方法可以有效避免紙上談兵對決策造成的負面影響。

最終方案到底有什麼特別之處，又有什麼不確定因素？做決定後會呈現出何種結果？結果明朗化後，要如何擬定對策呢？

無論做出什麼決策，都不算是百分之百錯誤，相反地，也沒有百分之百正確的答案。總而言之，做出決定後，要期許它能往好的方向發展，如此一來，就不會產

生「做決策後就等著世界末日」的恐懼，而能獲得安心感。

綜合以上所述，做決策時：

1. 盡可能多收集可作為判斷素材的資料。

2. 找出剩下的不確定因素。

3. 思考決策後的修正計畫。

請將這三點一併納入考量，而且向周遭的人匯報時，一併提出這三點，可以獲得他人的高度信賴和後續關心。尤其是有部屬或後進同事的人，若將這三點融合組織規章並貫徹執行，應該能建構積極正面、得以成長的工作團隊。

即使讀者沒有部屬或後進同事，只要好好考量這三點，也可以使自己成長，更容易獲得成效。

收集資料時，你會參考成功經驗還是失敗案例？

「有出乎意料的成功，但沒有匪夷所思的失敗。」這句話來自棒球評論家野村克也的評論（原文出自日本江戶時代的諸侯及劍術家松浦靜山），意思是說失敗的形式也有非常高的重複性。

「事情無法順利推展」的經驗很寶貴，可以防範致命的損失，並得以先設想相同狀況而預做準備，也就是能避免踩到地雷。

分享「因為買了這本參考書而考上第一志願」的經驗，不論是適用性或狀況都十分曖昧含糊。反而是不合格經驗分享比較有幫助，像是「我買了這本大家都在用的參考書，但在考試時還是答不出來。」

藉由失敗經驗，考量「參考書的使用方式很重要」、「這本參考書對考試來說可能尚嫌不足」，就能有效避免再次遭遇相同狀況。以補習班家長為例，相較於喜歡聽合格經驗的家長，重視不合格經驗的家長能取得更多實用資訊，孩子的成績也進步更快。

我以前擔任企管顧問時，絕大多數的人對於其他公司未流出的失敗案例，會比「最佳實踐❷」的成功案例更感興趣。雖然失敗案例非常有幫助，但大部分的人成功後，卻不會再提到失敗經驗，只會分享成功歷程。這也許是因為感到不好意思而不想再提起，或者是因為耗費不少人力和金錢成本，好不容易才獲得寶貴資訊，所以不太願意分享。

用假說找到今後行動的線索，才能從失敗中汲取教訓

未來延用性良好的失敗案例，是指基於假說做出決定後面臨的失敗。假設有人

❷譯自於英文的Best practice。管理學中的「最佳實踐」，指的是能使生產或管理實踐的結果達到最優，而且可有效減少錯誤率的某種技術、方法、流程、活動或機制。

因為成績遲遲沒有起色，嘗試練習某些合格者使用的參考書，但成績仍毫無進展，於是又嘗試其他合格者使用的參考書。上述例子因為缺少假說，無法有效活用決策的結果。

相對地，假設先擬定假說：「我成績沒進步，是因為不能理解基本公式嗎？」如此一來，就能確立努力方向：「去尋找提供基本公式說明的參考書。」

如果實際行動後，成績仍然沒有進步，便能再尋找出「自己沒有完全吸收」、「雖然理解基本公式，但要考量應用能力」等其他具體原因，這些資訊有助於找到朝向下個階段邁進的線索。以上就是將失敗當作成功之母時，基於假說的思考技能。

鈴木一朗說：「只是重複練習打擊，並不會進步！」

鈴木一朗曾說：「我在比賽中擔任打者時，會邊思考邊調整打法。只是重複練習打擊，並不會進步！」

鈴木一朗這句話正道出一個良好循環，也就是「將自己的想像畫面作為假說，打擊時確實進行實驗，然後將結果有效運用於下一次打擊。」

鈴木一朗將熱身賽視為珍貴的實驗與微調機會，讓我們從中了解到驗證假說與考量成本的重要性。為了日後可能隨時到來的機會，應妥善整理自己的失敗經驗來備戰。世上沒有打擊率百分之百的打者，只能慢慢地持續進步，即使失敗也要盡力不讓傷口擴大，才能成為日後的養分。這也是優秀運動家提升層次的唯一途徑。

經驗可提高假設的精確度，消除估算錯誤的恐懼

「讓我們摒棄完美主義，透過假說有效縮小範圍，並在錯誤中持續嘗試。」這句話說得容易，但大多數人可能都抱持著恐懼心態：「如果假說全都是錯誤呢？」然而，建立合理假說，其實是靠經驗累積而成。

若有機會做小規模決策，處在允許失敗、成本不高的情況，請反覆練習、擬定並驗證假說。此外，還可靈活運用他人的假說、驗證實例。

至於已擬定的假說，請積極地向周遭親友宣傳。舉例來說，有位學生擬定假說：「成績不好是因為基本公式沒有融會貫通」，於是向周遭老師求教，老師可能會建議：「解不出這個問題，代表基本公式沒有融會貫通，你回去再確認一次」，或是「學習基本公式應該用這本參考書」等。

商場上也是如此，我還是上班族時，曾擬定假說：「因為對方社長很在意價格，降價也許可以成功簽約。」

和主管深入討論後，他建議：「依據我的經驗，若要降價，用這個價格比較

好」，並提出另一個假說：「對方社長有可能不是因為價格，而是重視支援功能是否充實，你再準備一個應對方案以備不時之需。」在這個例子中，我將假說視為事情進展的重要關鍵，而主管也願意理解。

「即使降價方案不被接受，也許可以採用提升支援功能充實度的提案。」這個假說將有利於進入下一階段的商談。

企劃案寫到一半被打槍？用2招取得回饋，避免耗費成本

許多人都被要求「收集完整資訊，做出完美決定」，但相對地，我想為各位介紹商業上的思考：「精實創業（Lean startup）」與「最簡可行產品（Minimum Viable Product，簡稱MVP）」。

大企業開發新商品時，常見的流程是：徹底研究、挖掘市場需求，接著在公司內部反覆進行商品測試，最後盛大地公開發表商品。這種模式常出現於汽車、玩具及食品業，可能讓商品大受歡迎，也可能收不到成效。

所謂的「精實創業」，誠如Lean的字面意義：精瘦，是指透過小規模投資，來啟動新事業及服務。

此外，還有個重要思維，就是「最簡可行產品」，指的是消費者能接受的最低

階商品。

換句話說，企業不花費過多成本，實際販售「將假說實體化」的商品，然後透過顧客的回饋意見，進一步驗證「創業是否成功」、「想暢銷熱賣，要有什麼附加價值」等問題。

相對於「販售半吊子商品是公司之恥」的想法，現在有愈來愈多企業認為，根據假說實際收集資料，再加以整理、過濾，對往後的成功至為關鍵。

以本書的撰寫為例，在距離交稿日期還有一段時間時，我就將草稿公開給編輯和同事閱讀，並將自己心中的假說分成三種模式來說明，觀察他們的反應。

製作這本書時，我甚至考量到目標讀者及閱讀型態，設想出「跟題庫一樣採取一開始就提問的模式」、「加入較易閱讀的專欄形式」等各種假說。後來，經過討論、對照前例等驗證，才變成現在的形式。

我當然也想將完美文章呈現給編輯，讓他們發出讚嘆。但是，我更想盡早讓第一線的人看到，納入他們的經驗，避免通盤推翻的風險，也就是說，商業考量的現實面比較重要。

企劃高手都知道，失敗是解決問題的必要材料

「即使決策失誤，也要將它當作經驗虛心接受，並活用於團隊中。」缺乏這種思維和技術、未能從失敗中記取教訓的團隊，等於將失敗的經驗值化為烏有，甚至造成負面影響。如此一來，不論是整個團隊或是其中相關人員，都更不願意做決定。

然而，失敗經驗非常寶貴，做決策時毫不猶豫的人，正是因為了解失敗的益處，才能具備行動力。

準備萬全後，有憑據地進行決策，萬一失敗就從失敗中孕育出更精練的提案，再次做出決策。如此周而復始的循環方式，無論對團體或個人都能有所成長。

日本過去處於模仿先進國家腳步、借鏡他山之石的階段時，發展方向相當明

確，有很大的機率得以避開失敗。但如今，失敗是家常便飯，必須從失敗中站起來，繼續向前邁進。

對個人而言，應該很難找到只要跟著做，就能擁有完美人生的範本。若能把失敗轉換為奮發向上的動力和技能，想必日日皆能過得既健康又充實。既然人生的追求沒有終點，就要轉換思維，將目標設定成「永遠比現在的自己更好」。

挫折讓你手軟嗎？不敢面對失敗，會使經驗化為烏有

了解第一堂課的內容之後，在第二、三堂課中，將為大家說明解決問題的必要條件：

1. 提出假說後，運用有限資訊來做決定。

2. 從結果中提煉出有效資訊，運用於下次做決定。

再次強調，解決問題是一種周期循環，即使做決定後產生的結果並非當初預

期，也不應垂頭喪氣或是感到恐慌，而要將重點聚焦在能否靈活運用於日後。

對商業人士來說，比別人先做出決定並付諸實行，即使遭遇失敗（應該說拜失敗所賜），何嘗不是寶貴經驗呢？

此外，失敗會使往後的決策能力大幅提升。接下來，將介紹如何巧妙地用低成本快速做決定，並收集寶貴資訊。

NOTE

最大的風險是不做任何決定而選擇維持現狀，
讓時間白白流逝。

LESSON 2

學會「建立假說」的流程，讓你的提案有邏輯

一流工作者都以「快速、低成本」做嘗試，獲取最大成果

首先，我們確認一下第一堂課的重點，也就是「為什麼假說對決策來說這麼重要？」

「我無法決定要向主管提出哪個企劃案。」
「雖然我的轉職候選名單上有數家公司，但不知道去哪家比較好。」
「朋友叫我決定要去哪家餐廳吃飯，好難選！」
「好難決定假日要做什麼！」

不論是職場還是日常生活相關的問題，「自己思考」的恐懼深植於我們心中。

但是，一旦停止思考，就會想把事情往後推遲。想必大家應該常聽到有人煩惱主管、部屬無法做出決定。然而，決策力只能靠自己鍛練。

做決定之所以令人恐懼，是因為我們不想承擔可能產生的風險。客觀來看，其中有些風險確實非常大，但也有些狀況是精神上純粹無法承受壓力。

「被主管否定就慘了」、「轉職後的新公司很糟怎麼辦？」、「如果餐廳不好吃」這類的風險，就是我們對失敗的恐懼。

正如第一堂課提及，本書並不想不負責任地教授大家不失敗的思考技能，而是想傳授理解失敗、運用失敗的技術，也就是「漂亮地失敗，再靈活運用」的思考方式。

從正面的角度來說，失敗也算是一種經驗，它讓我們得以消除結果不如預期的選項，因此不失敗也等於無法向前邁進。

能比他人更快速、投入更低成本，好好地嘗試失敗，才能成為日後成功的基石。接下來，要向各位介紹活用失敗的必要假說。

用假說來分析原因與結果，讓解決方案更具體有效

假說是一種自己對「原因與結果」的分析。假設有一家蔬果店鋪不賺錢，它的「問題假說」舉例如下：

- **是因為進貨成本過高，導致不賺錢嗎？**
- **是因為顧客人數少，所以不賺錢嗎？**

接下來，「對策假說」的舉例如下：

- **為了降低進貨成本，是否一次大量進貨比較好？**

・為了增加顧客，是否要刊登報紙廣告？

有了這些假說就能採取行動，像是「如果問題出在進貨價格過高，試試將採購量提高為兩倍」。

即使假說與對策的成效不彰，也能有額外的收穫，例如：得知「雖然各單位利潤增加，但兩倍的採購量賣不完」，或是「小型蔬果店即使提高兩倍採購量，也無法降低進貨成本」等結果，能有效將假說修正為更正確的應對策略。

接下來為大家介紹若沒有假說會陷入什麼狀況。

1. 一味地調查將面臨進退兩難的情況！

同樣以蔬果店為例，若只是沒頭緒地參考其他獲利商店的案例、搜尋網路資訊、閱讀相關書籍，雖然增進對業界的了解，結果還是日復一日過著相同的生活，也就是無法跳脫不賺錢的狀況。最糟的情況下，甚至會導致持續虧損。

不過，一旦擬定「進貨成本過高是主要問題」的假說，便能將調查重點集中在

賺錢商店的進貨成本，參考取得的數據後，馬上就成為一項應變對策。

你在日常生活中也有這樣的經驗嗎？煩惱著「想要學英文該怎麼做才好？」並在網路上搜尋英文補習班或「學英文」的關鍵字，花費很多時間搜尋，最後卻沒有結論。此外，為了替失敗的決策結果開脫，營造出已做過許多調查的表象，而一味進行市場調查，這種行為在大型企業中也時有耳聞。

在大量收集資料的行為中，也有不少例子是因為企業文化的根深柢固。有些公司以宣傳為目的大喊口號：「我們花費數年時間收集更多的資訊、收集更多人的看法。」

實際上，先將產品推出市面的公司在經過數次改良之後，更能精練成符合實際需求的產品。

2. 沒有假說，就不能反省

擬定假說時，要先設定好原因與結果的腳本。若不經假說就做決定，等於不考慮目的和為什麼，就擅自行動，若結果不如預期，也無法正確檢討和修正。

若不賺錢的蔬果店擬定假說：利潤太少是因為顧客不夠，為了吸引顧客，刊登報紙廣告應該有效。但是實際刊登廣告後，店裡仍然不賺錢，這時根據假說可以得到以下分析：

‧顧客大增。但廣告費成本過高，與顧客帶來的利潤相互抵平。
‧顧客沒有增加。因為其他大型商店也在報紙上登廣告，消費者會比較價格。

以上分析能連接到接下來的對策。然而，若沒有擬定假說，只是心血來潮刊登廣告，甚至隨口提出成本更高的提案，像是：「如果報紙不行，接下來試試電視廣告」，並一口咬定報紙廣告無效，選擇直接放棄。如此一來，可能失去深度分析的機會，例如：「學會不跟別家打對台的報紙廣告刊登方式」、「發掘產品差異化❸的成功案例」等。也就是說，無法進行有效的反省與改善。

❸又稱為產品特色化。指生產方運用自己的優勢、長處，或是消費市場的偏好，在類似的商品中，打造出自家商品的特色，進而與其他生產方做出市場區隔。

想要建立有效的假說，你得學習邏輯思考框架

接著，我們準備進入第二堂課的主題，讀者們閱讀到這裡，腦海也許會浮現：「如果擬定的假說完全離題該怎麼辦？」

只要如本書強調，不斷地在錯誤中嘗試便可累積經驗，再透過檢視數據、傾聽意見、觀察現場狀況等步驟，就可以擬定適當假說，有效防止太嚴重的偏差。

如果上文情境中的蔬果店向優秀經營顧問諮詢，顧問會採取以下行動：高效率地面談、調查周遭狀況、縮小問題範圍，進而思考出因應對策。

經驗值很重要沒有錯，但因為過於抽象而造成多數人裹足不前。以下將為各位讀者介紹不會太過偏離目標、連初學者也能簡單運用的指南。

擬定假說分成兩大階段：

第一階段：「設定」問題的假說。挑出看似重要的三個問題。

第二階段：「解決」問題的假說。為了解決問題，挑出三項應該有效的策略。

第一階段出現的「看似重要」、第二階段出現的「應該有效」都是抽象說法，大家看到這些模糊字彙應該覺得很困惑吧！萬一擬定的假說不重要或沒效果呢？

我完全可以理解這種心情，但是不必過於煩惱，就算結局落空，也能有效縮小範圍，並非毫無助益。相較之下，忽略關鍵重點更令人恐懼，這也是忍不住進行多項調查的主要原因之一。

以下是我在補習班中出過的練習問題：

練習問題

要如何減少遲到次數呢？

大部分小學生的想法都集中於解決「如何早起」的問題。然而，一旦開拓新視角，考量以下對策，即使起床的時間相同，也可以有效減少遲到的次數。

1. 以自行車代步。

2. 搬到學校附近。

我特意以「開拓新視角」的抽象方式表達，但怎麼做才能得到這個視野角度？遲到指的是「起床時間＋交通時間」超過「開始上課的時間」，而交通時間就是「距離÷移動速度」。

這個問題不困難，想到遲到，人人都能直覺地考量到這些因素，但往往有意識地只考慮起床時間。

由此可知，考量解決問題的必要因素，有助於避免問題設定得過於偏離，這就是模式，也被稱為思考框架。多了解一點思考框架就像棋士學習各式各樣的棋法，能有效減少大量錯誤及疏失。

憑空想出點子太難，「奔馳法」（SCAMPER）幫你命中目標

首先，向各位介紹：問題明朗化時，有助於解決問題的框架。舉例來說，當你困擾於「怎樣才不會總是遲到」時，透過解決問題的框架，可以考量出「縮短交通時間」等具體對策。

以下將介紹有助於找到解決辦法的思考模式，也就是廣為人知的奔馳法（SCAMPER）❹模式：

❹由羅伯特・艾伯爾（Robert Eberle）提出的創意思考法則，透過七個重點激發源源不絕的靈感及想像。

S（Substitute）：替代。

C（Combine）：結合。

A（Adapt）：調適。

M（Modify）：修改。

P（Put to other uses）：轉為其他用途。

E（Eliminate）：消除。

R（Rearrange、Reverse）：重新安排、顛覆。

以上皆為找到突破口的提示點，能幫助大家打破現狀。以下將舉例說明七個不同的思考模式與實例。

重點 1

有沒有什麼方法可以「替代」？

Substitute 指的是思考「能用誰或什麼來替代？」

舉例來說，為了解決「想縮短交通時間避免遲到」，考量因應對策時，可以思考「有沒有步行之外的其他方法」，於是腦中出現腳踏車、汽車代步等選項。若眼下的解決方法仍有不足，考慮替代方案也是可著眼的視角。

為了不被石油出產國左右，沒有石油的國家積極尋求替代能源，進行可燃冰等大型投資方案的案例也時有所聞。這種尋找替代方案的方式不僅能彌補不足，還可以創造出全新價值。

接著，以麵包消費量增加的例子，反思稻米過剩的問題。若將麵包中的小麥粉以米粉（將米磨成粉）取代，不但能增加米的消費量，還可以讓對小麥過敏的人品嘗到麵包的美味，形成良好循環。

此外，日常生活中也能發現許多運用替代的例子，例如：過去的雨傘以布為主要材料，用塑膠取代布之後，價格大幅下降。

練習問題

替不賺錢的超市想想解決對策！

例一：超市的租金很貴，因此將賣場替換為放學後的學校。

例二：烹調滯銷商品後再高價賣出，代替低價拋售。

例三：不再向農民採購，改成販售自家栽培的作物。

重點 2

「結合」可以創造出嶄新效果

Combine 指的是透過結合創造全新效果。這是日本企業非常擅長的領域。

例如：將口袋裡的錢包、車票、手機合為一體而設計出的行動支付，相當受到歡迎。不只如此，從過去的電視錄影機、收錄音機，到現代辦公室必備的複合式影印機等工業產品，皆採用這種手法。

結合手錶和心率計的健康管理產品也是相同模式，設計理念是基於將人們既有的需求結合為一。

結合為一的模式不只為了精實化，產品組合後還能創造一加一大於二的機能，也就是乘數效果。

從商品的角度來看，在手機上搭載相機功能，不只能保存相片，還能創造「共享」這種嶄新價值，開創大規模的服務體系，我想讀者應該也有所體會。

此外，稱作「協同合作」的企業合併，帶來的效益也值得期待。將製造工廠與專門從事商品企劃、設計的公司合併後，不只能實現效率化及削減成本，還能運用工廠的技術資訊來開創嶄新設計。便利商店結合各行各業、囊括各種服務，進而迅速提高集客力，也是結合的好例子。

練習問題

替不賺錢的超市想想解決對策！

例一：將食材與食譜套裝販售。

例二：超市與藥局共同營業。

例三：實施「購買購物袋就打折」的優惠方案。

重點 3

將成功案例「調適」應用在新狀況

Adapt 指的是將目前為止的成功案例活用於新的狀況中。舉例來說，智慧型手機世代的年輕人，不再於固定時間坐在電視機前，該怎麼做才能將影像資訊傳達給他們呢？網飛（Netflix）提供的網路影片串流服務，就是將傳播業既有的商業模式，活用於智慧型手機世代的行動裝置上。

針對喜歡慢跑的人，設計出防水耳機，讓他能邊跑步邊講電話的例子也是如此。還有這幾年來，報社及出版社正積極嘗試，將過去的出版內容應用於新的終端裝置上。然而，讀者對報紙及書籍的要求也意外地多，於是誕生各種螢幕畫面設計與各式新技術，例如電子墨水（E Ink）等，但同時也陷入一番苦戰。

練習問題

替不賺錢的超市想想解決對策！

例一：將自助加油站的經營模式應用於超市，削減人事成本。

例二：將智慧型手機「吃到飽」的功能應用於超市，開啟定額無限購買的服務。

例三：針對注重健康的消費者，打造一律不賣易胖食品的超市。

例四：以不擅長做菜的消費者為主要客群，提供現場烹飪其購買食材的服務。

重點 4

「修改」既有事物，來提升成效

Modify 指的是改變目前既有的事物，以應對新的狀況為目標。

例如：針對不太會使用科技產品的年長者，將智慧型手機設計得更簡約易懂，或是簡化電視遙控器的按鈕等。從另一個角度來看，這麼做或許會降低產品機能，但依狀況改變形式是解決問題的方法之一。

另外，翻修老舊建物時，除了美化建築物的外觀，依年輕人的需求改裝格局配置，也屬於商品修改的一種。

只改變商品形狀，並非真正的修改，服務型態也是相同道理。舉例來說，迪士尼樂園一開始在各個遊樂設施分別訂定入場費用，之後導入「一票到底」的一日護照，讓遊客能盡情乘坐所有遊樂設施，甚至還發行全年護照、快速通關等各種票券，提供更多便利性，以提升顧客滿意度。

不少修改案例只須投入低額成本，便坐享極大成效，例如：將商品名稱修改得簡單易懂，就使銷售量翻倍。

練習問題

替不賺錢的超市想想解決對策！

例一：將價目表修改為同時標注價錢與行銷用語的形式。

例二：為了讓使用輪椅的身障人士，或拄拐杖的年長者也能輕鬆購物，修整店內狹窄的走道、提升安全度。

例三：結帳時不必逐一掃描商品條碼，改良成可以自動結算金額的價格標籤。

重點 5

將眼前事物「轉為其他用途」

Put to other uses 是將眼前的事物有效活用於其他用途，並思考是否能對應不同需求。

富士軟片公司（Fujifilm）如字面所示，原本是製作相機軟片、底片的公司。然而，數位相機普及化，加上智慧型手機的勢力抬頭，導致銷售量銳減。

然而，該公司發現，軟片的技術也能應用於膠原蛋白等化妝、醫藥品上，於是應用相關技術研發出新商品。目前，相機底片的銷售額僅佔全公司一％以下，營業項目以健康照護為主，變革重生為其他產業的公司。

練習問題

替不賺錢的超市想想解決對策！

例一：利用閒置空間開設廚藝教室。

例二：將商品由購物籃裝入塑膠袋相當麻煩，於是提供把購物籃當作購物袋直接提到家的服務。

例三：設立像 KidZania❺ 的收費兒童職業體驗樂園。

❺日文原文為キッザニア，提供兒童模擬各行各業的體驗活動。台灣也有類似的職業體驗，例如 Baby Boss。

重點 6

「消除」不必要的部分，讓功能更聚焦

Eliminate 是指將所有事物簡化，試著將問題縮小、聚焦化。

例如：以年長者為主要客群、刻意簡化功能的智慧型手機；縮減菜單選項，打造「說到〇〇就是△△」的餐廳品牌，都是成功案例。

有不少企業以低價的方式，將最低限度功能的智慧型手機提供給新興國家，而獲得成功。為了實現低價而省去耐用性的快速時尚，也是相同道理。

然而，對於傾向生產高機能、多用途產品的日本製造商來說，這種做法正是其弱項。

練習問題

替不賺錢的超市想想解決對策！

例一：除了當地精選食材，不販售其他商品。

例二：主打大量生產的低成本食材，將其他商品下架。

例三：取消收銀台服務，改成自助結帳系統。

重點 7

將現有作法「重新安排」，顛覆傳統

Rearrange 是指重新安排，而 Reverse 則意指顛覆，也就是重置原有的順序、流程及所在位置。

人力銀行網站向來採用求職者免費、徵才企業付費的商業模式，而BizReach公司卻反其道而行，向求職者收取費用，使業界感到震驚。然而，以結果來說，願意為轉職資訊支付註冊費用的求職者，能力都有一定水準且具有強烈的轉職需求。對企業和求職者來說，這都能產生良性循環。

此外，將目標方向完全顛覆的商品，例如：無法迅速送達的網購、讓胸部看起來較小的女性內衣等，常擁有令人意外的市場。可見得，即使不合常理的事，也可能成為解決對策。

練習問題

替不賺錢的超市想想解決對策！

例一：打造無法自行選購商品，只販賣福袋的超市，顛覆既有的商業模式。

例二：設立增胖專用超市，只販售高卡路里食品。

例三：顧客付款後，再採買進貨。

例四：重新配置賣場位置，將搭配起來更美味的食物陳列在一起。

應用篇

缺了一隻腳的椅子，能有什麼新用途？

試著用下列的簡單例子，練習奔馳法。

練習問題

眼前有一張斷一隻腳的椅子，請用奔馳法解決問題！

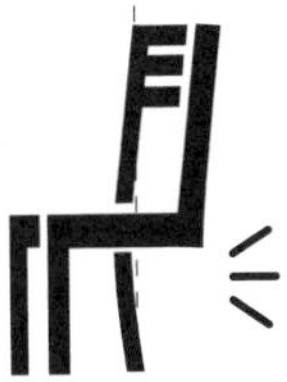

接下來，為各位介紹補習班小學生的解答範例。

S（Substitute）：替代

在斷腳的地方堆疊書本，以穩固椅子。

C（Combine）：結合

與另外一張沒壞的椅子合併黏在一起，變成二人用的長椅。

A（Adapt）：調適

作為運動選手訓練平衡感的椅子。

M（Modify）：修改

調整另外三隻腳的位置，取得平衡。

P（Put to other uses）：轉為其他用途

放置於摔角比賽的邊台區，作為職業摔角選手混戰打鬥用的物品。

E（Eliminate）：消除

去掉剩下的三隻腳，當成和式椅。

R（Rearrange、Reverse）：重新安排、顛覆

將椅子倒過來，把三個椅腳當成曬鞋子用的架子。

根據不同情況，這七個重點並非全部適用，但正因如此，才可能想出他人意想不到的創意點子，請大家在日常生活中多多練習。

如何提升企劃力？除了「偷學」與反向思考，你還得……

框架指的是整理過去案例後，得出不同分類方式，並針對該視角檢視想解決的問題。除了奔馳法之外，還有許多框架都是由前人建構、後人延續傳承。此外，進入社會累積工作經驗後，各種解決問題的常規作法，也會不斷成為自己的知識。

例如：顧客希望能修好有點問題的愛車，經驗豐富的技師為了快速解決問題，一定會有幾個「這樣做可能會改善」的必做檢查項目。

同樣地，在商業場合中，為了滿足顧客提升銷售量、尋覓更有效率的運作模式等要求，許多商務人士會備妥數個問題的候補答案。

若能在現場累積寶貴的經驗，並同時活用前例與解決問題的框架，就能提高「這麼做是否能解決問題」的假說能力。

毫無頭緒時，從極端反面例子開始思考！

運用框架的優點是跳脫原本擅長的思考模式，因此不拘泥於同種框架、多方閱讀，並隨時確認「是否有可採用的觀點」非常重要。

奔馳法也只是一種框架。將乍看無法套用的框架強行加諸於生活周遭事物，有時候會意外發現派得上用場。此時不妨做做筆記或重新檢討，試著匯整成自己的知識。

有位我認識的經營者習慣從極端反面的例子開始思考，進而找到問題突破口。解決未知問題該採取什麼對策？會不會順利？誰也無從得知答案。

觀察世上各種案例時，常會發現令人跌破眼鏡的解決方案。因此我們必須拓寬「這樣也許能解決問題」的假說範圍，且具備不過度受限於前例的創新技能。

提出假說後立刻做評價，為提案買保險

然而，假說終究只是假說，不實踐就永遠不知道是否順利。不過，若擬定的假說涵蓋範圍廣泛，在實踐階段時，應注意哪些事項呢？

答案是評價。從各種角度評價，有助於決定假說的驗證順序。舉例來說，當經費有限時，應針對各個方案評價其成本。時間有限時也是如此，迅速地以低成本反覆進行假說和驗證，是最重要的關鍵。

只要稍動腦筋或充分調查，就能避免實行輕率魯莽的提案，請大家務必實際動腦、動手完成這些步驟。

企劃遇到瓶頸時，得設定「評價假說」的基準

接下來，讓我們用練習題提升評價假說的能力。

練習問題

不擅長數學的「假說同學」，該如何提升數學能力呢？

針對這項煩惱，可以得出以下三個提案：

1. 購買數學參考書自行練習。

2. 請家教老師。

3. 去補習班上課。

在網路上調查一番後，發現不論哪個方法，都有人反應「成績進步」或「沒什麼成效」，由此看來，假說同學不得不找出最適合自己的方法。

但是，究竟什麼方法最適合自己呢？假說同學目前當然一無所知。這時，他想到學校老師曾說：「勇於嘗試的精神很重要！」

因此，假說同學決定到能輕鬆學習的課後補習班試聽，並邀請朋友一起參加。於是，他到附近的幾家補習班索取簡介，發現每家簡介都強調和樂融融的上課氣氛，而老師的照片看起來都很和善，並且介紹有助於積極學習的全彩教科書。

由於各家補習班都有幾位學校朋友就讀，應該能快速融入環境。假說同學聽取朋友的意見並收集網路資訊後，經過數日篩選，順利將選擇範圍縮小至三家。

終於到了申請試聽的時候，假說同學打電話詢問課程的時間安排，三家補習班都表示，一次必須報數學、國語、自然、社會四個科目，而且每週要上四天的課。

假說同學已在上足球課，無法一週上四天補習班，加上除了數學以外，其他科目的成績都不錯，不打算補習，於是他想著想著開始煩惱起來。

假說同學想到媽媽之前曾說：「簡介上不是都有寫嗎？仔細閱讀一下吧！」但當時他心想：「不過是浪費時間」，就只隨便翻了一下。現在他覺得非常後悔，如果把調查補習班課程的時間，拿來算數學就好了。

假說同學的媽媽建議：「不管是參考書、家教老師或補習班，你心裡總有優先順序及不想讓步的條件，先把那些想出來吧！」

選項太多嗎？事前調查出必要條件，再進行評分

假說同學不想在足球課的時間上讓步，因此會出現以下條件：

條件一：不與足球課的時間重疊，且只加強數學

這就是評價假說時的重點。光憑這點就可剔除原本挑選的三家補習班，且必須找到上課時間不和足球課重疊、只上數學的補習班。在這個條件下，「購買數學參考書自行練習」與「請家教老師」的提案或許更加吸引人。

那麼，是否還有其他必須列入考量的條件？

條件二：每月的費用

媽媽補充說預算有限，費用方面也有必要事前調查。其他條件還有：

條件三：就算不擅長數學也能輕鬆理解嗎？
條件四：即使容易厭倦也能在那個環境中持續學習嗎？
條件五：能檢測自己的理解度嗎？

對假說同學來說，這五個條件相當重要，調查並整理後，結果如下：

1. 學習日期和時間

A參考書：無限制。
B參考書：無限制。
C家教老師：無限制。
D家教老師：與足球課時間重疊。
E補習班：與足球課時間重疊。
F補習班：沒有與足球課時間重疊。

G補習班：與足球課時間重疊。

為了滿足絕不讓步的條件，經過日期與時間的篩選後，選擇範圍縮減至：A參考書、B參考書、C家教老師、F補習班。接著，針對這四個條件繼續調查，並分別對它們評分（◎三分、○二分、△一分）。

2. 費用問題

A參考書：七百日圓。 ◎三分

B參考書：一千兩百日圓。 ◎三分

C家教老師：每月一萬六千日圓。 △一分

F補習班：每月七千日圓。 ○二分

3. 能輕鬆理解嗎？

A參考書：普通。 ○二分

B參考書：有點難度。 △一分

C家教老師：用心教學。　◎三分

F補習班：普通。　○二分

4. 環境能讓人持續學習嗎？

A參考書：好像很無聊。　△一分

B參考書：插圖感覺能激發學習動力。　◎三分

C家教老師：老師很和善，感覺好像很愉快。　○二分

F補習班：感覺能激發學習欲望。　○二分

5. 能檢測自己的理解度嗎？

A參考書：每個單元最後都有綜合測驗。　◎三分

B參考書：學校考試後才會知道學習成果。　△一分

C家教老師：每個單元結束後，會出考題測驗學生。　◎三分

F補習班：每月有一次綜合測驗。　○二分

根據狀況篩選考量的重點，能讓課題更加明確

光是將條件縮小至「不可能實行」，並不是一件難事，但其他條件就沒那麼容易。因此，我們必須考量比較重視哪一個條件？

加權的比重根據各式各樣的環境因素而變化，如果是社會人士，還會有預算、人員、期限、各種利害關係等條件。因此，明確標示優先順序並非容易的事。

但是，篩選出應考量的重點後，才能因應不同狀況、讓議題明朗化。這次的案例屬於個人問題，其中包括一個難題：「對自己而言，什麼是重要的事？」

若平時做決定時，就能將「能明確判斷的條件」、「有實驗價值的條件」作為判斷基準，有助於更快找出適合的選項。

將分數加總後進行比較，做決策就變得好簡單

將各項分數加總後，可以得到以下的分數：

A參考書：九分。
B參考書：八分。
C家教老師：九分。
F補習班：八分。

由於總分平分秋色，可考慮加權比重。母子倆討論後，得出以下結果：

- 「費用」相當重要，乘上三倍。
- 「理解與否」為主要目的，乘上兩倍。
- 「環境」能促進學習欲望，但假說同學原本就幹勁滿滿，乘上一倍。
- 「測驗」是評量自己是否克服難關的指標，乘上一點五倍。

乘上加權比重後，得出以下分數：

A參考書：十八點五分。
B參考書：十五點五分。
C家教老師：十五點五分。
F補習班：十五分。

最後，假說同學決定採取購買A參考書的選項。

一定有人認為：「怎麼可能這麼單純就做出決定。」不過，請大家不要忘記，

最大的風險是不做任何決定而選擇維持現狀，讓時間白白流逝。

透過上述方法，即使將問題單純化的效果有限，也應做出決定。此外，在單純化的過程中，可以得知自己的提案存有多少風險。

同樣以「加強數學成績」為例。雖然假說同學依得分高低採用了「A參考書」的選項，但是仍存在著「A參考書好像很無聊」的風險。因此，針對這個風險，有必要再思考應採取什麼對策跨越考驗。

孫正義和稻盛和夫的判斷基準是什麼？

孫正義❻認為，「結果會帶來多少衝擊」是作為判斷基準的重要依據。此外，稻盛和夫❼也曾說，超乎「損益」的是「善惡」，說得詳細點，就是要以「利他」為判斷基準。

判斷時要考慮時間與資金等限制條件、損益等經濟條件，甚至是生存哲學等各式各樣的條件。其中最重要的，是必須先在心中釐清這些準則條件。

由於並沒有滿足所有條件的提案，因此必須了解自己的決策有哪些優點和缺點。如此一來，可以讓決策後的行動更加順利。

相反地，若事前沒有整理好優缺點，決策的行動就會落後一步，甚至錯失改善的機會。

❻ 孫正義為軟銀集團（SoftBank）的創辦人兼社長，對日本的電信、媒體業影響深遠。

❼ 稻盛和夫是電子產品公司京瓷（京セラ株式會社）、電信公司KDDI的創辦人，現為公益財團法人稻盛財團理事長、日本航空的名譽會長。

不想讓假說流於空泛，具體驗證結果是關鍵

假如有個小學生提出假說：「數學成績不佳，可能是因為計算能力差。」雖然就原因層面來說，這個假說並不會太過離題，但我們的最終目標不在於判斷而是解決問題，因此可以進一步擬定假說：「數學成績不佳，可能是因為計算能力差，每天能持續練習也許能克服。」

深入探討假說以得出具體行動的流程非常重要。舉例來說，若試著探究「沒複習所以成績不好」的假說，並發現「複習的時間都拿來玩電視遊樂器，導致成績不佳」，就可得出「限制玩電視遊樂器的時間」及「丟掉電視遊樂器」等具體行動。如此一來，便能順利進入下一階段：驗證結果。

若假說中不包含具體行動，無論擬定多少假說，都會因為無法驗證而失去效

益。光是舉出好像可行的假說，很容易產生事情有所進展的錯覺。在會議中，常會看到有人舉出好幾個「這也可以、那好像也可行」的提案，但千萬別忘記，能驗證假說到什麼程度才是重點。

應用篇

如何從假說中，挖掘出價值千萬的企劃？

接下來，讓我們以練習題來深入探討假說，進而連結到具體行動（盡量深入探討直到具體行動為止）。假說不過是假說，不用擔心提出的假說沒有意義。以下有三個練習題，讓我們一起想想看吧！

練習問題

昨天馬拉松比賽輸了，是因為慢跑鞋的緣故。

解答範例

是因為慢跑鞋的尺寸不合嗎？

鞋子不合包括很多可能性，例如：尺寸不合、太重或太輕，也有可能是因為鞋子太舊而劣化，或是慢跑鞋的種類與馬拉松比賽的路況不合。深入探討「尺寸不合」的假說後，就會產生「如何調整成合腳的尺寸」的進一步行動，並得出「請店員幫忙測量腳的尺寸、協助挑選鞋子」或是「放進鞋墊」等提案。

探討假說直到得出具體行動，有助於驗證「鞋子的尺寸不合」是否為正確的假說。此外，要特別注意的是，若一味增加假說數量而不深入探討，可能會導致混亂的結果。以下三個假說皆不夠深入。

「和鞋子無關，也許是因為身體狀況不佳。」

「可能是襪子的關係。」

「原本就不該怪罪到鞋襪頭上吧？」

在決定假說的會議當中，經常出現此起彼落、混亂無章的意見。與其重視數量，不如著重假說驗證的可能性，再提出假說。

練習問題

成績無法進步是因為讀書效率不佳。

解答範例

每天光是決定要唸什麼就花了很多時間，如果先擬定一週讀書計畫是不是比較好？

「效率不佳」四個字，不論在補習班或公司都時常耳聞。針對效率不佳的問題，每個人應該都有進步的空間，所以這種說法聽起來好像沒什麼問題。然而，我們很少聽到「具體該怎麼做」這種直搗核心的假說。

我再三強調，假說終究只是假說，沒有人知道「擬定一週讀書計畫」是否為正確答案。不過，決定後加以實行、盡速驗證假說結果的流程相當重要。

以上的解答範例皆將假說推導至具體行動，非常出色。一定有人會質疑：「真的確定有效果嗎？」然而，這種議論本身不過是空談。無論如何，還是要盡快驗證才能早日收到成效。

練習問題

我們公司的汽車賣不好，不是因為大家對購車提不起興趣，而是無法和其他公司競爭。

解答範例

弱項不是車子性能而是業務能力，應重新檢討價格和宣傳方式。

「別輸給別家公司啊！」許多企業會把這句話當作鼓勵，但員工聽到後通常臉上會露出不安、厭煩的表情，因為這句話無法與具體行動產生連結，加上誰都知道其道理，根本不必特別說出來。

當提出更進一步的假說，例如：「與其他競爭公司的同類型汽車相比，我們的產品性能可能比較差」、「競爭對象可能是別種車型」，有人也許會心想：「是嗎？我看也不一定吧！」但是請記住，嚴禁對假說提出質疑，因為光說不練是不負責任的行為，說得白一點，不過是沒用的自言自語。！

上述練習題的答案皆來自於小學生，我們可以從解答範例中，看到「降價」的提案。至於宣傳活動，有小學生提出令大人也自嘆不如的企劃：「調查目標客群看的書、電視節目或網站後，透過這些途徑宣傳廣告。」

檢驗假說時，必須遵守3個基本規則

對不擅長驗證假說的團隊來說，常會因一些質疑的聲音而中斷討論。例如：「你為何這麼確定？」、「我總覺得哪裡怪怪的」等。

然而，提出異議的人其實並非故意，只是用自己的方式加深對議題的理解。不過，用假說否定假說無法驗證任何事，只會陷入進退兩難的絕境，導致討論就此終結，最後經常不自覺演變為遵照上級主管指示的情況。

此外，個人進行假說驗證時，如果太過鑽牛角尖，也會陷入思考停止的情況。若想創造一個在假說驗證中成長的環境，必須徹底深化以下兩條基本規則：

1. 不否定。

2. 以深入探討為目標。

除了基本規則之外，若想提出令人意想不到的假說，還可以遵循第三個規則：

3. 與立場不同的人討論

從奔馳法模式來說，與不同立場的人討論，能創造運用「顛覆」角度思考的契機。

想提升檢驗的效率，用「快速簡略」的方式準沒錯

驗證假說時，「快速簡略❽」是基本原則。對於傳統日本人來說，要將這種原則運用於工作上，會感到相當棘手。

相信很多人工作時都以「踏踏實實、孜孜不倦、設想周到」為目標。但請記住，失敗為成功之母，不論是從無前例的事，或是必須親自解決的事，都得經歷失敗才看得到後面的路途，**成功案例只能靠自己創造**。

領導者必須創造不畏懼快速簡略的團隊。相對地，領導者無法讓團隊成長，甚至會隱藏失敗，主因其實在於恐懼心理。

在迅速驗證與改善的同時，我們必須提醒自己，要經常保持樂觀心態，將失敗視為成功的墊腳石，並對成功的案例做出評價。

補習班中總會有些小學生很在意考試成績，常將分數遮起來搪塞過去。過去他們失敗時，不曾因為從中學習或重新振作而得到成長，因此只會一味想逃避失敗。

我在補習班，經常先請學生自行找到考試中答不出來的地方，再進一步鼓勵他們：「會向老師或朋友請教的學生很了不起！成績一定會進步！」如此一來，學生們自然也能誠實地說出：「我不懂〇〇」、「我覺得〇〇好難」，並發自內心地為了改善缺失而採取行動。

無法從失敗中學習的人，也不會輕易寬容他人的失敗。我撰寫本書的目的之一，就是希望能改善陷入這種惡性循環的社會風氣。

❽ 譯自於英文的Quick and Dirty，是指雖然完成度不夠高，但是十分迅速。

提案不追求百戰百勝，一勝十敗就屬一流

失敗的經驗對個人來說彌足珍貴，對公司來說也是極為務實的經驗。如果失敗時，只會怪罪他人、一味地逃避責任，真的很可惜。

向客戶發表簡報時，如果自己只在一旁看著前輩，卻什麼都不做，實在很浪費時間。若能用自己的話重新整理簡報後再發表，即使失敗了，下次仍有機會修正。如果什麼都不思考，直接採用主管修改後的簡報，很可能會在下次的機會或更大的舞台上失敗。

為了避免致命的失敗，平常可以多練習面對小失誤，並在失敗中反省。只要好好收集、整理失敗案例，就不致輸得慘不忍睹。

日常生活中養成做小決策的習慣，並投入低成本累積小經驗，日積月累便能成

為自己無往不利的武器。

這些經驗會讓自己成長，並能運用於更大型的工作上。趁別人處於停滯階段時起身行動，累積十次失敗的經驗後一舉成功，就是一流的人才。

「盡可能釐清要素間的關聯後，再正確比較」，是非常重要的步驟，也是邏輯思考的基本技巧。

LESSON 3

運用「邏輯思考」2 大方法，確立企劃的方向

大量資料怎麼理出脈絡？先找出相同與相異的要素

「擬定假說、驗證假說、從結果中學習、活用於下次機會。」

能夠快速實施以上循環周期的人，就能解決問題，而此處的關鍵在於「邏輯思考後再判斷」。首先，我想為各位介紹補習班的練習題：

練習問題

邏輯歐正在練習揮棒，他想知道該如何把球打好，於是嘗試使用不同的球棒和揮棒方式。過了一週後，結果如下所示。

實驗編號	球棒	右打或左打	是否抬腳	打擊率結果
實驗一	較重	右打	有	0.265
實驗二	較輕	右打	無	0.262
實驗三	較輕	左打	有	0.288
實驗四	較重	右打	無	0.245
實驗五	較重	左打	有	0.270

從以上數據來看，怎樣的打法最佳呢？

【思考迴路】

- 比較「實驗二、四」及「實驗三、五」，發現「球棒較輕」打擊率較佳。
- 比較「實驗一、五」，發現「左打」的打擊率較出色。
- 比較「實驗一、四」，發現「抬腳」時打擊率較高。

因此，我們可以得出以下結論：「使用較輕的球棒，以左打、抬腳的方式揮棒時，打擊率應該較高。」

由上述例子可得知，若想從對比中找到最佳解，除了尋找想做比較的要素之外，收集比較材料時，其他要素也不可或缺。

空想不如動筆！紀錄能提升企劃的精緻度與可行性

世上的事物由各式各樣的要素交織而成，因此，「盡可能釐清要素間的關聯後，再正確比較」，是非常重要的步驟，也是邏輯思考的基本技巧。相對地，綜觀式思考無法掌握接下來的行動，因此最好盡量排除這種作法。

舉例來說，試做新料理時，一流廚師會記下所有材料，連胡椒的分量也是如此，再比較哪種調味方式能讓料理更美味。我甚至遇過連當天天氣等細微之處，都全部記錄下來的人。

如果你曾在實驗室中埋頭研究，想必早已習慣在每次實驗中思索操控的變因，再加以記錄。若能將這種研究精神運用於職場或日常生活中，應該會有所助益。

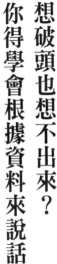

想破頭也想不出來？你得學會根據資料來說話

驗證假說時，不只要取得「結果不如預期、結果正如預期」這種是非題答案，還要進一步解讀根據這個結果能學到什麼，並活用這次的經驗於下次的挑戰。這個循環就是邏輯思考。

邏輯思考的定義是：「以多數社會人士能夠接納的形式，根據既有資訊，延伸思考出各式好像說得通的事物。」

請先理解邏輯思考的定義，再親自實踐具體的技巧。我們從前面提到的揮棒實驗中，學到釐清差異的技巧，有助於找出影響結果的要素，並藉此有效改善。

第三堂課中，我們要學習如何驗證假說，並盡可能地活用所得出的結論。學會這個技術後，就能從失敗中獲得改善策略，找到舉足輕重的關鍵改善點，還能避免落入意料之外的陷阱。

接著，讓我們一起來解答下面問題吧！也許大家小學時也曾做過這個實驗。

練習問題

仔細觀察蠶豆種子在哪種狀態下會發芽呢？請根據以下結果，找出蠶豆發芽的必要條件。

實驗編號	溫度	陽光	澆水	施肥	空氣	發芽
實驗一	二十度	有	有	無	有	有
實驗二	五度	無	有	有	有	無
實驗三	二十度	有	有	有	無	無
實驗四	二十度	有	有	有	有	有

實驗五	二十度	無	有	有	有	有

【思考迴路】

比較「實驗二、五」，發現「溫度二十度」時，蠶豆才會發芽。

比較「實驗四、五」，發現蠶豆發芽「不需要陽光」。

比較「實驗一、四」，發現蠶豆發芽「不需要施肥」。

比較「實驗三、四」，發現蠶豆發芽「需要空氣」。

根據上述的五個實驗，關於「澆水」這個條件又有什麼發現呢？由於所有實驗都「有澆水」，因此無法進行比較。那麼，增加什麼實驗會比較好呢？

為了得出「需要澆水」的條件，除了控制「澆水」變數之外，其他條件都必須以「能發芽」為前提，若是加入其他無法讓蠶豆發芽的條件（例如：溫度五度、沒有空氣），不論有沒有澆水，都會得到「不發芽」的結果。與實驗一比較之後，可以增加以下的實驗：

實驗六「溫度二十度、有陽光照射、無澆水、無施肥、有空氣」。

若實驗後得出「發芽」的結果，則可知道水並非必要；若蠶豆沒發芽，就表示水是必要的。

邏輯推論必備2大方法：「演繹法」與「歸納法」

接下來，向大家介紹有助於解決問題的邏輯推理方法：演繹法與歸納法。

練習問題

考上 Lojim 大學的山田同學、田中同學及鈴木同學，都做了A參考書。由此可以推論出什麼呢？

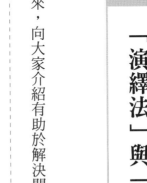

若根據以上問題，許多人會推論出「**以 Lojim 大學為目標的邏輯歐，應該也要做A參考書。**」

這種推論的思考模式是：「因為有前例，所以當發生與之前類似或相同的案例時，會期待得到相同結果。」

大家應該馬上察覺到了吧，就算和過去做了一樣的決定，也難保能得到百分之百相同的結果。但是，在充滿未知數的將來，把收集的前例作為預測的判斷根據，這種做法較能被個人或團隊接受。這種根據資料推論的方法就是**歸納法**。

練習問題

邏輯子在第一學期成績為全學年第一名，而 Lojim 大學的推薦優先順序是看第一學期的成績排名。由此可以推論出什麼呢？

根據上述資訊，可以推論出**「邏輯子如果想唸 Lojim 大學，就能得到推薦。」**由於題目是出自兒童專用教材，也許有些不符常理，但我們大致上仍能得到邏輯百分之百正確的結論。不過，這裡說的「大致上」是什麼意思呢？

大家應該都發現，只有當「Lojim 大學推薦優先順序是看第一學期的成績排名」的前提，是百分之百正確，邏輯子才能成功獲得推薦。

也就是說，入學條件只要求成績，不能有其他條件（例如：品行等），邏輯子才能獲得推薦上 Lojim 大學。

將個別狀況（邏輯子第一學期的成績為全學年第一名），與百分之百正確的前提或規則（Lojim 大學的推薦優先順序是看第一學期的成績排名）組合起來，而引導出絕對正確的推論，就稱作「演繹法」。

將假說的實踐結果擺在眼前，並進一步思考「好像說得通」的事物，就能導出接下來的行動。

學會區分事物屬於「百分之百正確的事」（演繹法），還是「可能性極高的事」（歸納法）非常重要。無論是演繹法還是歸納法，在運用上都有需要特別注意的地方，別忘記仔細確認。

別被標題誤導！用歸納法檢查你收集的資料是否必要

歸納法有助於預測類似的事物，換句話說，就是追隨前例的思考模式。之前邏輯歐的案例也是如此，雖然無法保證最終能達到目標，但大多數的人應該都贊成邏輯歐做A參考書，有成效的可能性看起來也很高。

實際上，在思考未知的事物時，具備歸納推理的能力將成為決定性關鍵。也許有人會覺得「這種事誰都知道！」因此，接下來我將逐一介紹補習班課堂中教授的歸納法注意事項，也就是**眼前的案例與過去的案例真的相似嗎？**

再回到剛才邏輯歐的例子，考上Lojim大學的三位同學都非常優秀，在最終衝刺階段，選擇買難度較高的A參考書練習。然而，購買A參考書的考生中，有些人可能連基礎都尚未打好。

也就是說，**設定的目標雖類似，但現狀卻完全不同**。這時經常會有便宜行事的想法，只收集有利於己的類似案例，心想「若做了A參考書說不定就考上了」，卻對不利的部分視而不見，最後擅自判斷自己的情況和前例十分類似。

理解歸納法容易出現的誤區後，接下來將為各位介紹歸納法應注意的事項。

練習問題

據說A、B、C公司都在這個人力銀行網站上刊登徵才訊息，最後都找到優秀人才，所以我們公司也在這個網站刊登徵才訊息吧！

【確認要點】

A、B、C公司的狀況與我們公司真的相同嗎？

你是否在不知不覺中，將「在這個網站上刊登徵才訊息」當作考量的前提？（聽信人力銀行的業務話術。）

A、B、C這三家公司都相當有名、廣受矚目，但我們公司名不見經傳，在網路上不會引起注意，是否很難獲得和他們相同的效果？

練習問題

我們公司競標，已連續失敗三次，因此這次也會失敗。

【確認要點】

前三次的競標內容和這次是否相同？這次競標也打算沿用前三次的簡報嗎？對手不同、自己也有改變的情況下，是否有機會得到不同結果？

以上案例皆因心中已有先入為主的結論，所以常出現誤判或輕信的情況。反過來說，如今許多廣告用歸納法強調商品的類似性，小心別被刻意操縱人心的宣傳誤導。

害怕失敗的責任？追隨過往的成功案例未必能解決問題！

追隨前例還有一個重點要特別注意，那就是容易推卸責任，認為自己的決策沒有錯。

「因為有成功的前例，所以這次也根據之前的方向前進吧！」這麼一想，是否覺得肩膀上的重責大任減輕一半？

然而，別忘了我們的目的並非決策本身，而是解決問題。無論有沒有成功案例，一旦做出決定，眼前的結果就是一切。重要的是依據結果思考往後的修正案。

「我是根據前例才做出這個決定，所以責任不大。」

「失敗的關鍵不是因為我獨斷，而是相信過去的案例。」

像上述這種滿腦子都是藉口的人，多半是為了減少自己決策的苦惱與壓力，而將責任全塞給前例。

不管怎麼說，歸納性思考的假說充滿不確定因素。因此，迅速實踐假說，並採取適當措施才是最重要的事。

寫企劃也可以用演繹法！重點是知道「普遍規則」是什麼

接下來我們回到前文提過的演繹法重點。以下面的例句作為練習：

「現在正在下雨，雨天時雨傘賣得好，所以現在若把雨傘拿到賣場去賣，生意一定很好。」

演繹法的特色是：組合「個別案例」與「普遍規則」後進行推理。「現在正在下雨」是個別案例，而「雨天時雨傘賣得好」為普遍規則，將兩者結合可推論出：「現在若把雨傘拿到賣場去賣，生意一定很好。」

演繹法的特點在於能得出百分之百正確的結論，但前提是普遍規則也必須百分之百正確才算數。在上述例句中，如果**「雨天時雨傘賣得好」這件事是百分之百正確，那麼「現在把雨傘拿到賣場去賣，生意一定很好」也會成真。**

然而，「這麼做一定會得到百分之百正確結論」的論調不切實際。以下以數學證明方式，幫助大家更輕鬆地擬定假說。

（個別狀況）眼前的三角形一角為三十度，另一角為四十度。

（普遍規則）三角形的內角和為一百八十度。

由此可知，剩下的一角為一百一十度。

現在我們用上述方式，練習看看簡單的演繹法問題吧！

練習問題

我養了一隻叫作波奇的狗。

狗是動物。

解答範例

我養的波奇是動物。

練習問題

山田先生向銀行貸款，且提出與貸款金額等價的擔保品。
銀行能提供與擔保品等價的貸款。

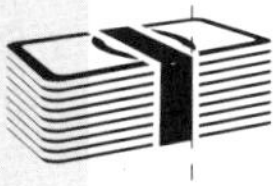

解答範例

山田先生可以借到想借的金額。

為了確保推論正確，必須以規則或是稍微抽象的普遍事實作為依據。因此，必須要確認規則或普遍事實是百分之百正確。

此外，法律上或是簽定商業契約時，也經常使用演繹法。根據法律締結的契約，幾乎可以作為百分之百正確的準則來運用。

練習問題

A偷了別人的東西。
偷別人的東西就犯了竊盜罪。

解答範例

A犯了竊盜罪。

練習問題

B的房租逾期未繳三個月。

根據合約，如果B超過三個月沒付房租，就必須退租。

解答範例

B必須退租。

以上的例子應該有助於輕鬆理解演繹法的邏輯思考方式。

應用篇

請年輕女演員代言運動飲料，就會熱賣嗎？

前文強調「前提百分之百正確」的重要性，然而完全正確的前提並不常見，能運用的場合看似不多。但實際上，演繹法在日常生活中使用得十分頻繁，正如先前提過的賣雨傘範例：「**現在正在下雨，雨天時雨傘賣得好，所以現在若把雨傘拿到賣場去賣，生意一定很好。**」

「雨天時雨傘賣得好」雖然不算百分之百正確的前提，卻容易取得他人認同。在各位的公司裡，應該也常因為類似的推論而做出決策。

假設某家飲料公司擬定假說：「若請年輕女演員代言運動飲料就會大賣」，並在商品發售時，請年輕女演員當代言人。

正確來說，這項假說其實並不是「請年輕女演員代言運動飲料就會大賣」，而是**「過去曾有年輕女演員代言運動飲料而大賣的案例」**。

上述的例子將過去的前例稍作更動，切換為將來也可套用的規則。但是，若將規則加入過去案例或經驗法則，所推導出的結論就無法保證百分之百正確無誤。因此，在活用演繹推理時，應仔細判斷前提是否為百分之百正確。

注意陷阱！擅自加入「隱含前提」，會使提案遭到否決

在各位了解歸納法與演繹法的重點之後，我要介紹一個常見的陷阱題。

（個別狀況）我的寵物波奇經常吠叫。

（普遍規則）經常吠叫的狗都很膽小。

因此，**我的寵物波奇很膽小**。

若將「經常吠叫的狗都很膽小」視為百分之百正確的前提，那麼「我的寵物波奇很膽小」似乎說得通。然而，這個推論卻未必百分之百正確，再重新閱讀一次後可發現，「我的寵物波奇」並沒有指明是狗。也就是說，儘管沒寫出「我的寵物波

奇是狗」，卻擅自認為「波奇是狗」。

這個問題也許有點刁難，但實際上，**我們有時會無意識地擅自加上「不存在的前提」**。為了預防不知不覺加上不存在的前提，以下介紹一個知名的例子。

練習問題

這座森林是珍貴的世界自然遺產。因此，來修整道路吧！

練習問題

這座森林是珍貴的世界自然遺產。因此，不能開闢道路！

第一個練習問題中，隱含著「很多人造訪世界自然遺產，有必要開闢通行道路」。相對地，第二個則隱含「世界自然遺產不能遭受人為破壞，得保持原狀」。

日常生活中，經常因不同的隱含前提而造成誤解。舉例來說，某位想將公司重新改頭換面的經營者向顧問諮詢，並希望顧問能多提出建議。然而，經營者的需求中隱含「確保自己的利益」，因此顧問提出的創新意見常遭到斷然回絕。此外，在許多商業場合中，也不難見到將潛規則當作隱含前提的情況。

找出隱含前提對學習指導也很重要。例如：當有學生或家長為了提升成績找我諮詢時，我雖然提出「去補習、請家教」等建議，卻常遭拒絕。因為對學生或家長來說，若接受補習、請家教等額外輔導，就像承認自己（孩子）在學校無法充分學習知識，是個無能的人。這就是他們對課後輔導課程提不起勁的原因之一。

也就是說，學生或家長雖然想提升成績，心中卻隱含「無法接受自己（孩子）成績不好、不擅長唸書」的前提，而排除補習或家教的提案。綜合上述會發現，保持敏銳是人際交往中的重要法則，而在日常生活中運用演繹法時，有兩個重點需要特別注意：

1. 以絕對正確為前提的規則，真的百分之百正確嗎？

2. 是否有隱含的前提？

應用篇

練習用演繹法，為4個問題找出解答

為了進一步理解演繹法，讓我們用練習問題實際演練看看吧！

練習問題

A：田中同學是W國中的學生。

B：W國中只招收男生

因此，

C：

解答範例

C：田中同學是男生。

A是個別的狀況，B是規則。若B百分之百正確，則田中同學是男生。

練習問題

A：索米股份有限公司決定裁撤連續二年虧損的事業。

B：

因此，

C：索米股份有限公司將裁撤智慧型手機部門。

解答範例

B：索米股份有限公司的智慧型手機部門已連續三年虧損。

以下為小學生無視A的錯誤例子：

「索米智慧型手機的外型不好看。」
「索米智慧型手機賣得很差。」
「有人說索米智慧型手機很難用。」

以上這些假說也許是索米智慧型手機部門被裁撤的原因，不過終究也只是可能。要將A與B解答組合起來，才能得到正確的推論。

練習問題

A：從田中同學的模擬考成績可預測，錄取K國中的機率為四〇%。

B：

因此，

C：田中同學會去參加K國中的入學考試。

解答範例

B：若錄取K國中的機率超過四〇%，田中同學就參加該校入學考。

規則B為串聯個別狀況A以及結論C的關鍵。看完正確答案後，一起討論以下的錯誤回答。

「不過，田中同學的爸爸說無論如何都不能放棄。」

「不過，田中同學向來討厭放棄。」

「不過，田中同學在緊要關頭時，經常能有過人的表現。」

許多人無視個別狀況A，是因為他們自認「如果只有四〇%的錄取機率，放棄考試也是正常的」（隱含的前提）。

練習問題

A：大型企業需要的服務，中小企業也需要。

B：在人力銀行網站徵才的費用很高，許多中小企業負擔不起。

因此，

C：

解答範例

C：針對中小企業的低收費徵才網站有市場需求。

以上是針對社會人士的練習問題。但如果在結論C中增加「有需求就該執行」的概念，就會產生其他不確定要素。類似的推論，常在商場上出現。此時有必要確認被認定為正確的前提（如上述的A）是否可靠。

練習問題

A：M國中舉行筆試和面試，若兩項分數都超過低標，就能錄取。

B：吉田同學的筆試成績超過M國中筆試的低標。

C：吉田同學沒有錄取M國中。

因此，

D：

解答範例

D：吉田同學的面試成績沒有超過M國中的低標。

這道問題有三個前提，而且將結論擺在「因此」的前面，有點複雜。從這三個前提能得知吉田同學的個別狀況，也就是「沒通過面試低標」的事實。

結合三、四種前提的情境並不少見，與其說它們是綜合性問題，更像是把所有前提兩兩組合進行淘汰賽，最後得出冠軍（最終結論）。因此，**斟酌各種狀況並考量其中的可能性非常重要**。

沒說服力的人，總是將「我認為的事」當作一般法則

接下來，我們找出演繹法中推導結論時常見的隱含前提吧！

練習問題

由於鰤魚瀕臨絕種，因此必須展開保育行動。

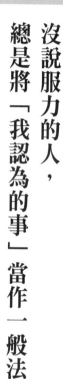

解答與解說

許多人認為「保育瀕臨絕種的生物」是理所當然，但並非所有人都全盤接受這個觀點。

面對大多數人都贊成的事物，我們常將一般論作為絕對正確的前提。然而，許多自認為理所當然的職場常識或民情，在其他領域卻不見得受到認同。因此，請養成隨時站在對方立場思考的習慣。

練習問題

老師說，寫回家作業時，如果想了很久仍然毫無頭緒，可以先放棄。

我已想了兩個小時了，放棄吧！

解答與解說

思考了兩個小時就是想了很久嗎？這個問題與語言的定義及基準有關，且同樣隱藏著一個陷阱，那就是誤用自己的想法解讀對方的意思。

釐清曖昧話語的定義非常重要，也許老師真正的意思是「與思考時間無關，思考的深度才是重點！」

針對先入為主的問題，再舉一例如下：

A：「Y大學是優秀的大學，許多畢業生都進入上市公司就職。」

B：「是嗎？不過也有很多畢業生找不到工作，不能算優秀大學！」

對A而言，優秀大學的定義是就職於上市公司的人數，但對B來說，就業率才是好大學的判斷基準，因此雙方意見產生了分歧。

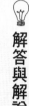

練習問題

菸味令人感到不適、心情不佳。因此職場中應禁煙。

解答與解說

因為令我感到不快，所以職場就應該禁止嗎？將個別事態擴大為一般常識，也是說話者有意引導所致。

許多時候就算心中這麼想，也不太敢直接說出口。因此，人們常將論調替換成「大家都感到不快，而令大家感到不舒服的事理當禁止。」

我們再以下面的對話為例，深入探討這個問題：

A：「這個廣告真有創意，還不錯。以前從來沒有這種類型的廣告！」

B：「是嗎？不過是譁眾取寵，真令人不舒服，一點都不有趣。」

接著讓我們來思考其中隱含的前提：

A：「我從沒看過這種新穎的廣告，我認為新穎的廣告很好。」

B：「我不喜歡令人感到不快的廣告。」

姑且不論A、B的說話習慣，以上對話雖把個人看法當作一般論來探討，但為了不使自己論點的說服力下降，在對話中將「我覺得」隱藏了起來。

希望企劃案被採納，得用「逆命題」、「否命題」……來檢驗

「隆志有戴眼鏡。」

「戴眼鏡的那個人是隆志。」

把話反過來說的情況稱作「逆命題」，例如：將「隆志有戴眼鏡」反過來說成「戴著眼鏡的人是隆志」。然而，即使「隆志有戴眼鏡」的說法正確，反推「戴眼鏡的人是隆志」卻未必正確。由此可見，有些正確的事反過來說卻未必正確。但是，許多人常會落入這種倒果為因的陷阱。

舉例來說，將「考上第一志願的A同學在 Lojim 補習」的事實，反推為「到 Lojim 補習就能考上第一志願」。

從商業角度來看，常會見到將事實當作決策依據，甚至導致放棄思考的現象，例如：將「A公司找山田顧問諮詢後，營業額提升」的事實，反推為「只要找山田顧問諮詢，就一定能讓營業額提升」。

若以歸納法思考「A公司向山田顧問諮詢後，營業額提升」，會得出「找山田顧問諮詢，可能使營業額提升」的不確定結論，但這不過是假說而已。數學課應該學過反推事實的逆命題。例如：「正方形四邊等長」為事實，但反過來說「四邊等長的是正方形」就不完全正確，因為菱形也同為四邊等長。

與逆命題類似的還有否命題及換質換位律。以下用「若A為真，B也為真」的例子來考量這三種狀況：

逆　命　題：若B為真，A也為真。

否　命　題：若A不為真，B也不為真。

換質換位律：若B不為真，A也不為真。

延續「正方形四邊等長」的例子來討論，可以得出以下三個結論。

逆　命　題：四邊等長的是正方形。（錯誤，菱形的四邊也等長）
否　命　題：非正方形四邊不會等長。（錯誤，菱形非正方形但四邊等長）
換質換位律：四邊不等長就不是正方形。（正確）

要注意的是，**原句正確，換質換位律也必定正確。相對地，逆命題和否命題則未必正確。**只有在A與B完全一對一對應時才會正確。A與B完全一對一對應的例子如：「軟銀集團（SOFTBANK）的創辦人為孫正義。」也就是A＝B的情況。

逆　命　題：孫正義是軟銀集團的創辦人。
否　命　題：若不是軟銀集團的創辦人，那個人就不是孫正義。
換質換位律：那個人若不是孫正義，就不是軟銀集團的創辦人。

然而，在一般情況下，即使「提高公司業績的A穿著伊勢丹西裝」為真，所推導的結論仍有點牽強。

逆　命　題：若A穿著伊勢丹西裝，就能提高公司業績。（金玉其外、敗絮其中的情況很常見，因此兩者之間未必有絕對關聯。）

否　命　題：若不是提高公司業績的A，就不會穿著伊勢丹西裝。（沒提高公司業績的B也可能穿伊勢丹的西裝。）

換質換位律：沒穿伊勢丹西裝的話，就不是提高公司業績的A。（正確）

「逆命題就未必正確」的論調，也許有點過度倚賴邏輯推論，不過最重要的關鍵仍是驗證假說，並注意是否能有效運用於接下來的行動。

接下來，請利用以下練習題，推論出逆命題、否命題、換質換位律。

練習問題

營業額蒸蒸日上的豐田汽車（TOYOTA），實行「改善」❾計畫。

逆　命　題：

否　命　題：

換質換位律：

解答範例

逆　命　題：實行「改善」方法的是豐田汽車。

否　命　題：若不是豐田汽車，就不會實行「改善」。

換質換位律：若沒有實行「改善」方法，就不是豐田汽車。

❾ 改善（Kaizen）是日本為了在生產機械和商務管理中持續進步而創立的管理法。此外，豐田汽車根據改善法而設立的「豐田生產方式」也廣為人知。

練習問題

被舉發不法的東芝集團（TOSHIBA）帳務不實。

逆　命　題：

否　命　題：

換質換位律：

解答範例

逆　命　題：帳務不實的是東芝集團。

否　命　題：若不是東芝集團，就會合法作帳。

換質換位律：若為合法作帳的公司，該公司就不是東芝集團。

如今有許多人利用逆命題、否命題及換質換位律的方式，流傳與事實不符的資訊。此外，人們對於未知的事，常會習慣扭曲成自己可以接受的形式，甚至視為正確的事實。因此，身在資訊爆炸的時代，請務必對資訊的可信度提高警覺。

應用篇

LUCKY公司員工的英文程度如何？

練習問題

請仔細閱讀以下內容，判斷A、B、C、D、E五個選項的內容是否正確。若為百分之百正確請畫○，看起來好像正確者請畫△。

LUCKY股份有限公司近年來致力於員工的英文教育訓練，英文程度也成為人事考核的項目之一。在公司的教育訓練中，有不少英文會話課，員工若想到坊間的英文補習班進修，公司也會積極提供補助金。

據說甲開始學英文後，除了升遷外還帶來了其他效果。某次他向外商公司推銷產品時，發現負責窗口是不會說日文的外國人，甲依舊用英文扎實地完成簡報，進而成功簽約。

有了這樣的案例，公司高層欣喜不已，於是公司規定若想升上科長，必須通過英檢二級（約等同多益五百二十七分）。雖然英檢二級相當於高中畢業的程度，但對許多人來說相當困難，員工們也因此吃了不少苦頭。

儘管如此，大家還是努力學習英文，不論是已升上科長的乙，還是未升上科長的丙都隨身攜帶英文辭典。

另外，海外營業額有成長趨勢的莫奇貿易股份有限公司，以及芷極物產公司也同樣投注許多心力於員工的英文教育。

這兩家公司的人事考核也列入英文能力，根據調查顯示，在人事考核中列入英文能力的公司都有外國人董事，聽說決策觀點與日本人不太一樣。

【選項】

（A）丁十分擅長英文會話，因此若客戶為外商公司，都會有不錯的業績。
（B）乙通過了英檢二級。
（C）丙未通過英檢二級。
（D）LUCKY股份有限公司的海外營業額有增加傾向。
（E）LUCKY股份有限公司有外國人董事。

解答與解說

（A）△

「在外商公司取得不錯業績的甲，之前在學英文」的逆命題為「只要學英文，就能從外商公司中取得不錯的業績」，但這種反推未必正確。

甲之所以業績不錯，是因為用英文扎實地完成簡報，但丁說不定英文流暢，簡報內容卻很空洞。

（B）○

B選項的內容能透過演繹法判定。

普遍規則：科長必須通過英檢二級。

個別狀況：乙當上科長

因此，乙通過了英檢二級。

（C）△

「升上科長的人都通過英檢二級」正確無誤，但它的逆命題「通過英檢二級的人全都是科長」就不正確了。

丙沒升上科長也許是沒通過英檢二級，也可能雖通過了英檢二級，卻因為其他原因沒升上科長。

（D）△

D選項的內容原則上是歸納性結論。

莫奇貿易股份有限公司、芷極物產、LUCKY股份有限公司，都將英文程度列為人事考核項目，但無法斷定海外營業額是否都有成長趨勢。

（E）〇

E選項的內容能以演繹法判定。

普遍規則：人事考核中列入英文能力的公司都有外國人董事。

個別狀況：LUCKY股份有限公司的人事考核項目之一為英文程度。

因此，LUCKY股份有限公司有外國人董事。

第一部匯整

- 問題不太可能一次就全部解決。
- 擬定假說後盡快實踐、驗證假說以推動事物進展，是非常重要的事。
- 奔馳法思考有助於擬定解決對策的假說。
- 可以用邏輯思考分析假說的驗證結果，並推導出「百分之百正確的結論」或「好像說得通的結論」。

Thinking

第二部

設定問題的能力，決定企劃成功機率！

Logical

不負責、毫無根據的意見只會讓思緒更加混亂。到頭來，
不是聽取上位者的意見，就是隨便選個平庸對策應付了事。

LESSON 4

找到「真正該解決的問題」，才能開始執行企劃

無法下決心時，實行多數決是最佳選擇嗎？

前幾天我的公司提出「為新服務事業設計商標」的企劃案。之後，每當我經過辦公室走廊，總會看到承辦人把從設計公司拿回來、超過十件的設計樣品擺在眼前，抱頭沉思。

我默默注意好幾天後，他終於傳了一封電子郵件給我和其他高層主管，內容寫著：「我做不了決定，想用表決的方式決定採用哪個商標。」這個故事告訴我們**「自己做決定」是一件多麼困難的事。**

我回信給承辦人：「我想確認每件設計樣品。」於是，包括設計師在內，我們三個人聚在一起討論了起來。

我說：「你好像很傷腦筋。」

承辦人回答：「每件作品我都看了好久，可是，今天覺得好的作品，到了隔天卻不這麼覺得了。我也不曉得為什麼事情會變成這樣，我自認沒有什麼品味，實在做不出決定。」

於是，我試著問他三個問題。

1. 服務對象以哪些消費族群為主？

2. 商標要擺在什麼地方？尺寸規格如何？

3. 想透過商標傳達的內容是什麼？

設計師仔細地回答每個問題，在聽設計師回覆時，承辦人的腦袋好像也跟著動起來，不斷在一旁補充說明，例如：「這個消費族群會不會看不懂英文商標呢？」

結果，這位承辦人瞬間從單純凝視設計樣品的狀態，進入思考後做決定的模式。

企劃高手都是從容易解決的問題開始著手

第一部介紹了解決問題所需的作業流程：

1. 針對問題的原因與對策擬定假說，並盡快驗證。
2. 利用奔馳法構思對策。
3. 運用邏輯分析結果，並結合到下次的嘗試。

第二部我們將針對前半段「正確設定問題」的技術進行思考。不過，究竟該如何「正確設定問題」呢？假設現在面臨以下兩個問題。

問題Ａ：請提高數學成績。

問題Ｂ：從今天開始的三個月期間，每天做一頁數學題庫的習題。

請問，你認為哪個問題比較容易解決？當然是問題Ｂ，因為問題Ｂ已經清楚點出具體方法。至於問題Ａ，為了提高數學成績，你必須自己想好具體做法。

就現象來看，目前的情況是「數學成績不佳」。為了解決問題Ａ「提高數學成績」，而產生問題Ｂ「從今天開始的三個月期間，每天做一頁數學題庫的習題」。也就是說，問題Ｂ是問題Ａ的進化形。

想解決問題，必須從眼前的現象（現況）找出要處理的具體課題，並深入思考：「該採取什麼具體行動？」

設定問題時，遵照2重點才能達到最終目標

為了解決「提高數學成績」的問題，我們進一步設定出具體問題：「從今天開始的三個月期間，每天做一頁數學題庫的習題」。但這個設定真的有效嗎？

未來的結果誰也說不準，「每天做一頁數學題庫的習題」只不過是不確定的假說理論。但可以肯定的是，這至少比「到供奉數學之神的神社參拜」、「跟數學成績好的朋友一起玩」等方法更有效。為了達到提高數學成績的終極目標，務必根據以下兩個思考重點設定問題。

1. 設定具體的問題。

2. 設定有效的問題。

做決定時，你需要的不是天賦或勇氣，而是……

當我們想不出辦法、做不了決定時，容易歸咎於自己沒有品味、能力或勇氣不足。不過，真正的原因大都是可供比較的資訊不足，或是沒有將收集的資料好好整理成利於決策的材料。

因為不確定的因素太多，再加上沒有信心透過自我思考或想像來彌補，才會演變成無法做決定的局面。

如果我沒有對設計師提出各種問題，也無法決定該使用哪個商標樣品。而且，我也是個沒什麼品味的人，光看圖案根本無法判斷哪個商標能讓新事業一鳴驚人。此外，我也跟多數人一樣害怕做決定。會閱讀本書的人，應該也會沒緣由地害怕做決定。

為了擺脫沒來由的害怕心理，更要好好地收集「決策理由」，在收集材料的過程中，自然就會漸漸地變得擅於做決定。另外，選擇判斷材料時必須特別注意，與完全正確的事物之間，距離有多麼接近。

不曉得該選哪個方案？用一句話釐清問題並構思對策

應該有許多人都跟前文提到的商標企劃案承辦人一樣，不曉得該選哪一個，因此一直在各個樣品間猶豫徘徊。過了一個晚上，又覺得其他的比較好，但不論選哪個樣品，都對自己的決定沒有信心。與其說這種行為是煩惱，應該說一直在「到底該選哪個？」的抉擇中打轉。

「決定的理由不足」雖然是原因之一，但猶豫不決的最大主因，其實是害怕當結果不好而被大家追問時，自己無法說出妥當的答案。

為了回答這個問題，首先必須釐清問題在哪？也就是說，要考量所做的決定能否解決自己與公司的問題。以上的過程非常重要，絕對不能遺漏，而且這方面的資訊將是最關鍵的材料。

「構思對策」的第一步，就是要說出以下台詞：「現在的問題在於○○，可以透過這個對策解決問題。因此，我決定採用這個對策。」

問題愈具體，愈容易鎖定解決對策的範疇。然而，正如第一部的內容所述，我們無法預知這個解決對策是否奏效。

因此，「決定、實踐並驗證」的過程顯得更加重要。容我再次提醒，擔心解決對策是否百分之百正確，對解決問題其實並沒有什麼幫助。

提出好問題，比不負責任、毫無根據的意見更重要

收集情報固然重要，但如果以周遭的人為對象實施問卷調查，並向他們徵求「你認為哪一個好？」的回應，**所收集到的資料不過是些不負責、毫無根據的意見，只會讓思緒更加混亂**。到頭來，不是聽取上位者的意見，就是隨便選個平庸對策應付了事。

我的興趣是慢跑，但每次去買慢跑鞋時，總是不曉得該選哪雙才好，遲遲無法做出決定。這時，資深的店員會問幾個有助於做出決定的問題。

「跑步的速度多快呢？」

「跑步方式如何？」

「喜歡什麼顏色？」

「有沒有覺得不舒適的地方？」

為了從琳瑯滿目的各家廠牌慢跑鞋當中選出一雙鞋，資訊是必要條件。當你處於「做不了決定」的窘境時，優秀的建議者會向你提出好問題。

最好不要聽信「我覺得這個好」這種不負責任的發言，而是找到會提出好問題的人（例如：體育用品店的資深店員），讓你清楚地明白自己該思考的問題重點為何。

補習班有許多家長常找我諮詢：「我想選擇一間適合孩子就讀的學校。」我雖然可以幫忙選，但家長和孩子只要寫下「想在學校學到什麼」，自然就能自行判斷。

同時要事先釐清，想考上第一志願學校，自己不擅長的領域、不確定因素是什麼，往後需要修正決策時，才能更順利地進行。

明確設定問題與目標，才能進行驗證並調整行動

假設有學生決定為了提高數學計算能力，花一個月每天做一頁題庫的題目。只要在一個月後檢驗這名學生的計算能力，就可知道題庫有沒有效果。

然而，若只是因為「大家都在寫，所以跟著做」，而不是為了實現某目標具體設定出問題，情況又會如何？一個月後，到底該驗證什麼？

沒有事先設定問題的話，就無法驗證「那個問題是否可以解決」，也無法為了下次的行動修正方向。

隨便決定只會得到浪費時間的結果，最後不了了之。因此，「明確的設定問題」為首要步驟。

與其質疑解決方法，應該先面對問題本質

如果問題無法順利解決，不要懷疑解決對策不當，而是要先思考問題設定是否有誤？如此一來才能突破僵局。

假設某間不賺錢的餐廳為了吸引顧客上門，一直努力宣傳，然而，這間餐廳其實非常擅長攬客，顧客人數早已處於飽和狀態。如果這間餐廳能發現問題不在於吸引更多顧客，而是提高獲利，就不會只致力於招攬客人，還會想到削減進貨成本或提高訂價等提高獲利的方法。

我想透過這個案例，告訴大家時常思考論點的重要性。「論點」指的是必須面對的**本質問題**，它的相反詞是「現象」，也就是肉眼可見的**表面問題**。

弄清楚現象與論點的差異，才不會陷入……

由於你的最終目的是解決問題，因此解決對策一定要有效果才行。假設你已經確實掌握「數學成績不佳」的問題，接著我們來構思解決對策吧。

在構思解決對策之前，我想說明現象與論點的差異。現象是觀察後所看到的情況，「數學成績不佳」就屬於現象。掌握現象固然重要，但在這個階段，還無法設定與解決對策有關聯的論點。若只知道數學成績不佳，無法決定接下來該怎麼做。

設定論點的例子如下：

1. 計算錯誤過多。

2. 不夠了解比例的概念，所以答錯很多。

3. 就算曾經答對，因為沒複習，所以無法保證下次出現也能答對。

4. 無法將應用題中的文字敘述轉換成算式作答。

針對這些論點，或許可用以下的對策來解決。

1. 每天花十分鐘練習計算題。

2. 請家教老師針對比例這個章節，再解說一次。

3. 修改時間表，每週在固定時間複習學過的東西。

4. 去風評好的補習班上課，培養解答應用題的能力。

確定解決對策後，接下來只要馬上執行再驗證效果，問題一定可以獲得解決。

從現象推出論點，才能導出合乎邏輯的最佳對策

若能找出論點、構思解決對策，事情的結果便會有所改變。在此，介紹以下兩個案例。

練習問題

手機弄丟了。

對現代人來說，弄丟手機是個嚴重的問題。但是，弄丟手機這件事並不是論點，只是單純的現象。首先，請先試著確認這個問題必須解決的論點。

1. 無法聯絡大家，很不方便。
2. 可能會被盜用。
3. 預防弄丟手機的對策不夠周全。

我只舉出三個論點，但應該還可以想到更多其他論點。這個練習問題的重點在於深入剖析「弄丟手機」的現象，如果能像上述列舉的三個範例一樣成功找到論點，就能找到解決對策的線索。基於這三個論點，可以想到以下對策。

1. 利用電腦和親朋好友取得聯繫，保險起見，事先備份通訊資料。
2. 請電信公司鎖住手機，並利用遠端操作，刪除手機裡的資料以防萬一。
3. 利用鍊子等物品，將手機固定在背包或衣服上。

你應該盡早實施這些方法。另外，如果受限於預算而無法實行每個方法，則依據優先順序處理即可。

發現手機不見後，多數人都會大叫：「我把手機弄丟了！慘了！」但這樣只會

徒增恐慌而已。此時應思考：「接下來可能會發生什麼具體的麻煩事？」並依此考量接下來該採取的行動。一旦養成這種思考習慣，腦海就會浮現預防情況惡化的解決對策。請有意識地對止步不前的自己說：「再這樣下去，事情會變得更糟糕。」

迅速將關注重心從過去導向未來，就能找出論點。以下再介紹另一個案例。

練習問題

老家的旅館經營不善。

若能以質疑的心態觀察眼前的現象，就可看清許多事情。例如：

1. 建築物老舊。

2. 沒有觀光客。

3. 抵達旅館的大眾運輸工具不完備。

4. 沒有讓大型觀光巴士停車的空間。

5. 房間老舊。

6. 員工服務態度不佳。

7. 價格貴。

實地訪查、做了問卷調查後就能發現以上原因。在此，請進一步思考看看，上述的論點能解決問題嗎？其實不盡然。

舉例來說，有許多旅館雖建築物老舊卻門庭若市。此外，即使所在地的大眾運輸工具不完備，許多旅館因為幽靜偏僻，顧客仍絡繹不絕。「價格貴」也是同樣的道理。

總而言之，上述七點範例只是現象，也就是肉眼所見的情況，就算為這些現象擬定對策，也不曉得能否解決「旅館經營不善」的問題。針對這個案例，對實際住客、旅行社業務員、知名部落客做問卷調查後，得知以下訊息。

- **雖然建築物老舊，但因為有特色，還不致因建築物老舊而不想造訪。**
- **就旅館規模來看，無法接待人數多的團體客人，因此不需設立大型觀光巴**

士停車場。

此外，還能得到以下情報。

- **房間雖然老舊但還能接受，不過浴室和床鋪破舊，住起來很不舒服。**
- **因為員工人數少，無法迅速針對住客的要求做出行動。**

如此一來，就能發現經營不善的具體成因。找到真正的論點後，就能構思出更有效的解決對策，例如以下所述。

- **浴室等房間設備要重新整修。**
- **增加員工人數，夜間時段也要有員工接待住客。**

目標並非只解決部分問題，而是從根本徹底解決

正如前述的旅館案例，許多乍看之下像問題或論點的事情，其實不過是現象而已。例如：「學校考試成績退步」這句話，根本無法讓人明確設定論點。

實際上，就算立定解決對策：「為了讓成績變好就發奮圖強、請家教老師來課後輔導。」成績也不見得會進步或有持久的效果。

現在，我們以成績退步的現象為例，試著掌握其論點。假設我們找到以下三個論點：

1. 上課時常打瞌睡，根本沒在聽課。

2. 在家看電視或打電動的時間變多。

3. 對每個科目都提不起興趣。

成績退步可能是因為以上論點而發生的現象，因此我們可以想到以下對策：

1. 為了不在上課打瞌睡，保持充足睡眠。

2. 限制看電視和打電動的時間。

3. 摸索出讓自己樂在其中的學習方法，而不是一味尋找讓成績變好的對策。

現象可能只是從根本性原因中衍生的一部分問題，因此有時可能會發生以下狀況：根據現象而構思的對策治標不治本，完全解決不了問題。

論點不只一個！別漏掉藏在事物中的深層因素

當事人認為的唯一論點，有時候可能是錯誤想法。假如補習班裡有位家長無論如何都想讓孩子順利考上A國中，但分數卻不夠。

這時我們可將論點設定為「培養考上A國中的實力」，再深入分析並構思解決對策，例如：「分析數學科目的出題趨勢，再擬定對策」。

我們也可以針對「考上A國中」的問題意識，再從「為什麼」的角度深入思考。（為什麼一定要考上A國中？）

於是，我們得知原因：「因為A國中重視英語教學，希望孩子進入這所國中培養英語能力」。接著，問題論點就從「考上A國中」，變成「希望培養良好英語能力」。最後，我們可以得出以下解決對策：

1. 除了A國中，調查看看還有沒有其他重視英語教育的學校？

2. 除了在校內學習英語，是否考慮到校外學英語？

為了到A國中培養英語能力，必須針對不擅長的數學加強訓練，才有可能考上，與其浪費大量時間及金錢提升數學能力，倒不如另尋其他較容易考上，也重視英語教學的學校，這個對策同樣可以盡早培養孩子的英語能力。

解決問題常見的手段是先釐清當事人真正的問題，再提出自己擅長、成本效益高的論點，進而找到解決對策。

養成問「為什麼」的習慣，找出真正的原因

想找出解決問題的根本原因，也就是論點，必須養成經常思考「為什麼」的習慣。例如：針對「數學考試成績不佳」的現象，提出以下論點：

1. 是否掌握重要題型的解題關鍵？
2. 是否累積適量的解題數？
3. 在家裡解題時，是否思考為什麼要這樣解答？

接著再縮小上述三個論點範圍，得出「沒答出考卷裡出現的重要題型」，然後問自己：「為什麼沒答出考卷裡的重要題型？」深入找出原因後，發現以下論點：

1. 不知道考卷裡出的是重要題型。
2. 雖然知道是重要題型，卻沒有深入研讀。
3. 雖然有研讀，但是研讀的時間不夠。

假設根本原因是「雖然有研讀，但是研讀的時間不夠」，再接著問：「為什麼時間不夠？」便能找到解決根本問題的對策：「調整非讀書時間的時間表」。如上述例子所示，請務必養成問為什麼的習慣。

是否只看到表象？「金字塔結構圖」能分層且雙向整理問題

解決問題的過程中，不被正在發生的事侷限也很重要。如果懂得用圖表整理，事情會進展得更順利。同樣用「想提高數學成績」的例子思考看看吧。

・為了找到解決對策，先設立論點

因為目標是「提高數學成績」，所以提出以下兩個論點。

論點一：複習。

論點二：認真聽課。

・釐清真正的問題

可以用「為什麼」的方式釐清問題：

「想提高數學成績。」

「為什麼想提高數學成績？」

因為「想看到媽媽開心的表情。」

除了提高數學成績，還有沒有其他事情能讓媽媽開心呢？將以上敘述整理成金字塔圖（可參見下頁），就可以看清許多問題點。往右是分析思考，往左是更高一階的抽象思考，兩者都有助於釐清問題。

用金字塔圖找到論點！

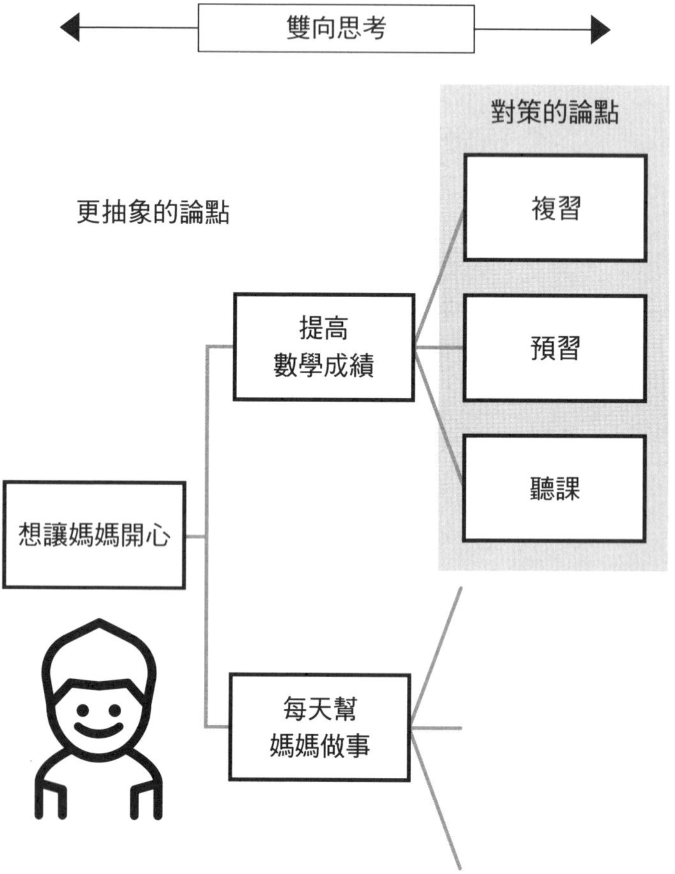

應用篇

找到關鍵論點，連棘手的少子化問題也可迎刃而解

以下是問題案例。

練習問題

以「少子化」作為練習問題，動腦思考一下。

問題一：試著提出可以解決少子化現象的解決對策。

問題二：思考少子化成為社會問題的原因，並找出更抽象的論點。

在此介紹補習班小六學生發表的答案。

・問題一的論點

論點一：因為教育費太高，大家認為就算生了孩子也養不起。
論點二：雙親太忙了，沒時間教養孩子。
論點三：愈來愈多人不想結婚。
論點四：隨著結婚年齡逐漸升高，無法生第二胎。

想不到連小學生都能以如此現實的角度看待少子化現象。由於重點在於提出的論點必須能發展出對策，以下分別介紹小學生們想到的具體解決對策。

對策一：一律免除學費。
對策二：成立新型托兒所或幼稚園，由退休有空的年長者負責照顧小孩。
對策三：由國家主辦相親聯誼會。
對策四：提撥讓高齡婦女也能順利生育的研究預算。

・問題二的論點：

論點一：少子化使沒在工作的高齡人口，多於有工作、需繳稅的人口，國家稅收不夠。
論點二：一旦少子化，滿街都是需要協助的高齡者，使年輕人應接不暇。
論點三：足球隊、棒球隊、橄欖球隊等都會消失。

深入思考、提出抽象化論點後，會發現可能的解決對策不是只有「增加孩童人口數」而已。

補習班裡的小學生將眼界提高至國家級別，以國家觀點構思對策，想出以下讓人耳目一新的解決方案。

對策一：招募外國人在國內工作、納稅。
對策二：開發機器人，協助年長者的生活起居。
對策三：改變規定，讓少數人也能組成球隊比賽。

運用「抽象思考」、「零基準思考」，刺激出更多解決方案

如前文所述，以「為什麼」的視角看待事物，可以提出更抽象化的論點，進而從不同方向構思對策。然而，論點並沒有正確答案。針對少子化的問題，也可能有人基於特定原因，而必須站在「增加孩童人口數」的立場上思考。

論點會因為立場或時空場合的不同而有所改變，例如：先前提過的「想考上A國中」、「想提高數學成績」或「少子化」等例子，論點會隨著深入思考而改變。

不被眼前現象限制，才能擴大範圍、找出問題點，進而想出更多對策。確實做到後就可想出成本更低、更容易上手的解決對策。**思緒不被眼前的現象限制，就是「零基準思考術」（Zero Based Thinking）**。反過來說，在深入調查的途中，可能會有新限制浮出檯面，或是發覺在第一部學到的隱性前提。

家長：「我希望孩子能考上A國中。」
老師：「為什麼希望他考上A國中呢？」
家長：「因為A國中的英語教學很優秀。」
老師：「這樣的話，B國中其實也不錯。」
家長：「其實我是A國中畢業生，無論如何都希望孩子能就讀A國中。」

這種情況應該很常見吧？如果上述狀況的背景發生在職場又會如何？

假設C部長提出論點：「無論如何一定要讓部門營業額提高」，而站在社長（老闆）的立場，他的論點則是：「只要整個公司的營業額提升就好」。於是，可能會發生以下情況：C部門的人才或資金被調到更有潛力、較具優勢的其他部門。這就是立場不同導致論點有異的結果。

有時也要考慮到「可用時間」。假設現在是英語檢定考前三個月，這時的論點可能是「提高長篇文章閱讀能力」，並提出且實行「三天做一次長篇閱讀測驗」的對策。但若到了考前三天，論點可能變成「掌握實用英語知識」，並採取「背單字」的對策。

經常從相反立場去思考，你會獲得超乎想像的驚喜！

思考論點時若能事先預想相反立場，後續會變得更輕鬆。前文已經將「考上A國中」和「以B國中代替」兩個論點作為依據，構思出解決對策。

至於前述的C部門問題，若不考慮C部長的立場，單純以「增加公司整體收益」的視角來看，可以得出與「提高C部門營業額」並列的另一個論點，也就是「成立新部門，提升公司整體營業額」。

從長期效果（三個月前）和短期效果（三天前）來考慮的英語檢定問題，也是相同情況。為了更完善地尋找解決對策，可以準備一份檢查明細表，審視有沒有遺漏的論點，並將它們填寫在前文介紹的金字塔圖中。

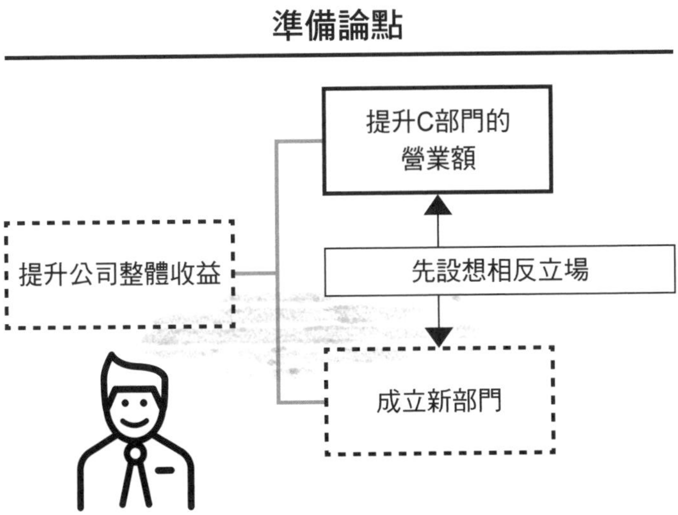
準備論點
提升C部門的營業額
提升公司整體收益
先設想相反立場
成立新部門

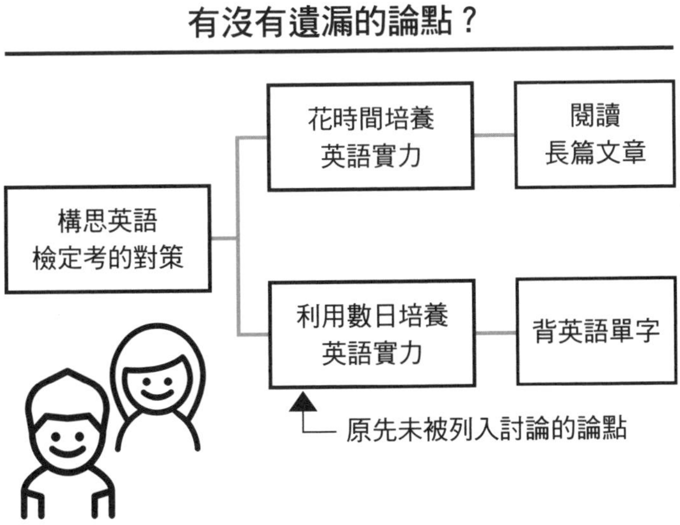
有沒有遺漏的論點？
花時間培養英語實力
閱讀長篇文章
構思英語檢定考的對策
利用數日培養英語實力
背英語單字
原先未被列入討論的論點

我們必須懂得捨棄的藝術，就算提出的論點不夠有影響力，只要可以迅速實踐，就應該列為優先。

LESSON 5

活用「思考框架」5方法，讓你每個案子都創績效

光靠記憶與經驗可能遺漏，成功者都使用思考框架避免疏失

各位看到這裡，想必已經學習許多方法，但你的心裡應該會疑惑：

「怎麼做才不會遺漏重要的論點？」

即使是資深商務人士，也有跟你一樣的困擾。為了有效解決這項困擾，企管顧問會使用的方式，就是利用名為思考框架的檢查明細表，避免遺漏論點。

企管顧問的工作，在於解決企業或產業的問題，並找到有效的對策。由於他們和許多公司有合作經驗，對於建構各產業特有的檢查項目，可說是經驗豐富。

書店架上陳列著各式各樣講述思考框架的書籍，而我接下來介紹的知名思考框

架理論，你學會之後，將會成為有利武器。

此外，如果能增長更多與思考框架有關的知識，各位就能自己構思出適合公司、產業、工作型態的思考框架。

方法 1

「費米推論法」能分解問題，看清細節與組成要素

首先，我們以「想增加存款」為範例，試想能解決問題的論點。在補習班中，小學生想出的論點都集中在「增加收入」上。針對這個論點想出的對策，可能有熬夜工作、跳槽到薪水較高的公司等。

究竟怎麼做才能有存款？我們可以先得出以下的存款公式：**每月收入－每月支出＋臨時收入**。接著，提出以下三個論點：

1. **增加每個月的收入。**
2. **減少每個月的支出。**
3. **增加臨時收入。**

根據不同論點，解決對策也不一樣。最理想的情況是用更有效率、更簡單的對策解決問題。因此，我們可以像存款例子一樣，**嘗試以數學公式分析問題構成元素，就像將問題「因數分解」，這個方法稱為費米推論法**。因數分解方法不限一種，可視情況加入其他元素。此外，光是思考「問題的計算元素」就對許多商業場合非常有益，特別是會用到數字的職場。

舉例來說，零售業的獲利公式為**（售價－成本）×銷售數量＝收益**。因此，思考時必須深入探討售價、成本、銷售數量等三個元素。成本還可以再分解為採購價格、人事費用、宣傳費等元素。

使用這個思考框架時，能使我們時時意識到不同元素，避免顧此失彼的情況發生。接下來，讓我們練習一下吧！

練習問題

想紓解大眾運輸工具在早上通勤時擁擠的現象。

試著以算式來思考客滿的定義吧！可用乘車率表示客滿程度：**客滿程度（乘車率）＝乘車人數÷規定乘載人數**。

假設車輛規定承載人數為兩百人，實際卻載了四百人，乘車率就是兩倍，也就是二〇〇％。一般說來，當乘車率超過二〇〇％，就會擠到身體無法動彈的地步。

分析這個現象後，可以得到以下兩個論點：

1. **減少乘車人數。**
2. **增加規定乘載人數。**

這時，我們可以透過獎勵時差通勤❿的方式，達到削減乘車人數的目的，也可以選擇增加班次，或是調整車內的空間，在早上的通勤時段，將座位改為折疊式，達到增加乘載人數的目的。

練習問題

如何提升漢堡連鎖店的營業額？

這也是小學生課堂中的練習題，大家為了想辦法賣出更多漢堡，都是以「一家店」的角度思考。然而，漢堡連鎖店的營業額可分解為以下公式：**營業額＝客單價×顧客數量×分店數目**。

為了提升營業額，除了提高客單價、增加顧客數，還可以增加分店數。實際上，分店數增加，進貨成本會同時降低，因此許多公司目標不在增加各店營業額，而是拓展分店。

⑩日本電車在通勤時段經常處於擁擠的狀態，政府為了緩解擁擠問題，從昭和三〇年代（西元一九五五至一九六四）開始，鼓勵企業及學校實施彈性上下班（學），以紓解人流過度集中的情況。

方法 2

「產品系列平衡法」（PPM），是用優勢與弱點的雙軸來分析

接下來，我要介紹PPM思考框架，全名為產品系列平衡法（Product Portfolio Management）。名稱聽起來雖然艱澀，簡單來說，就是將自己或公司的優劣與外在因素結合後分析。以下用兩個元素進行分析：

1. 公司在市場上的優勢、市佔率。

2. 市場本身是否有潛力？

假設某家汽車公司要解決「想提升營業額」的問題，會出現什麼論點？

論點一：高級車市佔率雖然穩定，但市場本身沒有成長

高級車部門可說是該汽車公司的「搖錢樹」。因為高級車市場的門檻較高，所以新進的競爭企業不多，用不著擔心市場被搶走。再加上掌握市佔率高的優勢，較能維持訂價，不必煩惱削價競爭。因此不用額外增加投資，只要維持現狀即可。

論點二：環保車市佔率目前相當穩定，且今後的市場成長值得期待

因為早期就投入環保車市場，所以市場認知度很高。但因為環保車市場正大幅成長，也有許多新品牌加入競爭。由於及早佔定市場有利位置，只要市場時續成長，營業額自然也會提高，可說是公司的「金雞母」部門。從公司立場來看，是值得大力投資的事業部門。

論點三：跑車市佔率不佳，且市場很難再成長

該公司的普通用車相當知名，但跑車的評價不是很高。再加上跑車與大部分年輕人的需求有落差，市場本身很難再成長。站在公司立場，跑車部門是沒未來性的「賠錢部門」。

論點四：家庭房車市佔率雖低，但市場成長值得期待

家庭房車能載著全家人舒適出遊，且能作為高齡者代步工具，因此市場不停成長，然而，這塊市場早已被其他公司瓜分。

公司目前也積極想打入這個市場，因此，家庭房車部門算是「問題兒童」。若能成功提高市佔率，將會成為公司的「金雞母」，值得構思對策、好好發展。

以雙軸思維分析強項與弱項的 PPM 法

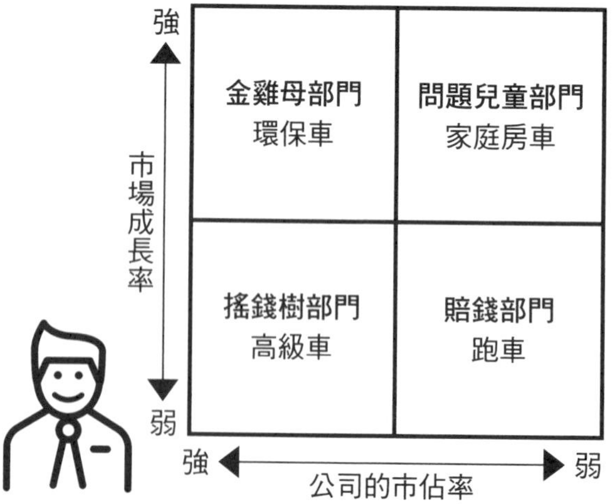

這個框架可用於分析職涯規劃或是公司經營

利用PPM法，有助於整理自家公司或自己的優勢及弱點，讓「哪些地方該加強？」、「哪些地方可以視而不見？」等論點變得更容易取捨與選擇。

PPM法大多用來分析擁有許多事業部門的公司（如前文案例中的汽車公司），但也可用於分析個人的優勢及弱點，我們可試著將下列元素當作雙軸思考。

1. 自我技能的熟練度。

2. 技能的市場價值。

假設我們分別具備英語、中文、程式設計、漢字這四種技能，用以上兩個元素當作雙軸分析後，可以得出下面四個論點：

論點一：英語技能雖然熟練，但是市場價值很難有所進步

雖然現在的英語程度沒什麼可挑剔的地方，但有相當多競爭對手。因此，不需要在英語技能上花費心力，只要好好維持，市場價值就不會變。

論點二：中文技能很熟練，且市場需求大

由於一直以來都很認真學中文，程度也相當不錯。不過可以預測，市場對進階中文能力的需求持續增加，企業也非常需要會講中文的人才。如果能運用在商務或法務上，市場價值將會大幅提升，因此，還要花費更多時間學習。

論點三：程式設計熟練度普通，但有市場需求

因為是文科出身，對電腦資訊方面較不擅長。但是不管哪個行業，都很缺乏程式設計的人才，若從現在開始學習，將來說不定能成為金雞母人才。

論點四：漢字熟練度普通，且好像本來就不缺乏這方面人才

最近打字都是透過電腦或手機，不太有自信能寫出正確的漢字。不過，就算提升漢字技能，也無法提高自我市場價值，社會上好像也不缺乏具有高度漢字知識水準的人才。因此，維持現狀就好，不需要再精進。

看完了自我分析的例子後，各位覺得如何？PPM法是非常有助於自我分析的思考框架。

可用於自我分析的框架

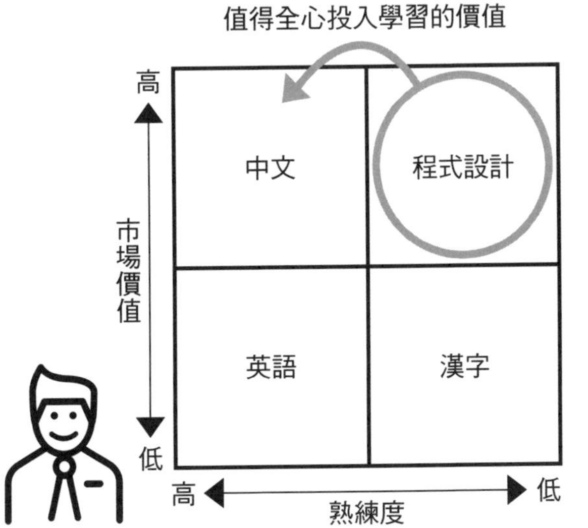

方法3

「價值鏈分析法」將焦點鎖定在時間軸，讓你杜絕遺漏

假設有一家「企劃、生產、銷售」一條龍作業的服飾公司營運不振，該如何扭轉情勢？這種情況下，並不是只要在最後的環節「銷售」上全力以赴，就能解決問題。我們可以用時間軸的方式，整理這家公司的作業流程，結果如下頁所示。

經過整理後，針對可能異常的地方，能一目了然地找到問題關鍵。像這樣利用時間軸分析、杜絕遺漏的思考框架，稱之為價值鏈分析法，又叫作VC分析法。

即使宣傳和銷售都很順利，但可能因為售後服務不佳，導致顧客回購率下降，也可能是在物流作業花費過高成本。經過整理分析後，我們可以找到解決對策，例如外包不擅長的領域等。

每家公司的經營型態都不一樣，舉例來說，優衣庫（UNIQLO）一條龍包辦所

有業務。蘋果電腦則只負責企劃，其他製作與生產全部外包。

究竟知名企業有哪些強項？意外地，很多製造商都選擇外包，特別強調利基市場⓫的企業也不在少數，請各位務必好好調查一下。

⓫利基市場（Niche Market）指的是市場潛力高、具備獨創技術，且尚未被大型主流企業滲透的市場。

價值鏈分析法

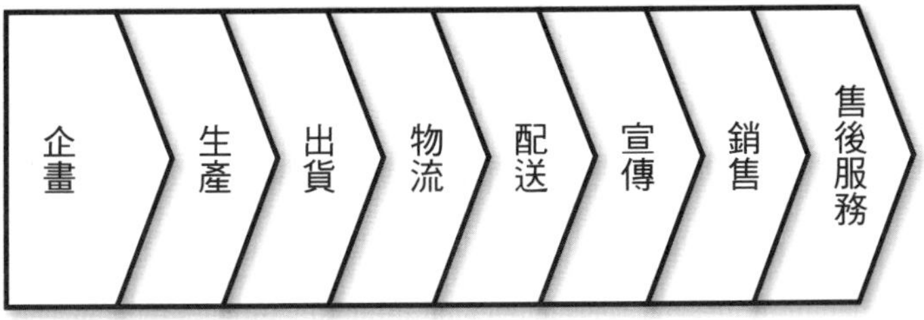

這個框架可用於檢視讀書、工作……的方法，發覺時間分配的問題

小學生使用價值鏈分析法，針對自己的讀書方法進行分析，結果如下頁。使用價值鏈分析，能找到不同角度的論點，且可以針對各個論點，有效率地想出解決對策，以下是三個學生提出的具體論點。

A學生：複習時間不夠。

B學生：考試當天沒有分配好時間。

C學生：上課沒有認真聽講。

而D學生則是把週一至週五考試前的時間軸製成VC分析圖，找到了自己的問

使用價值鏈分析法，分析讀書方法

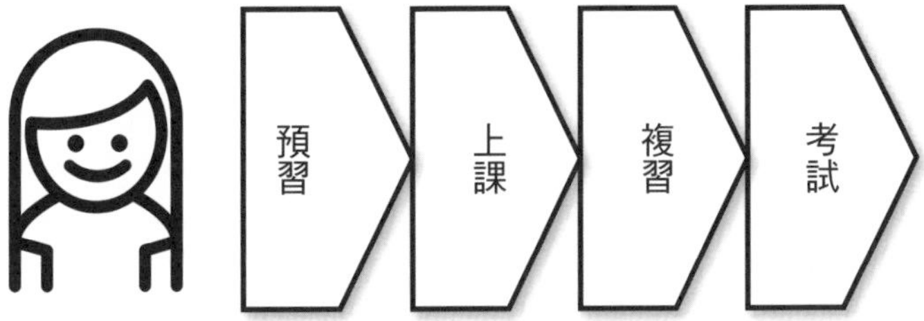

想出解決對策，,加以改善

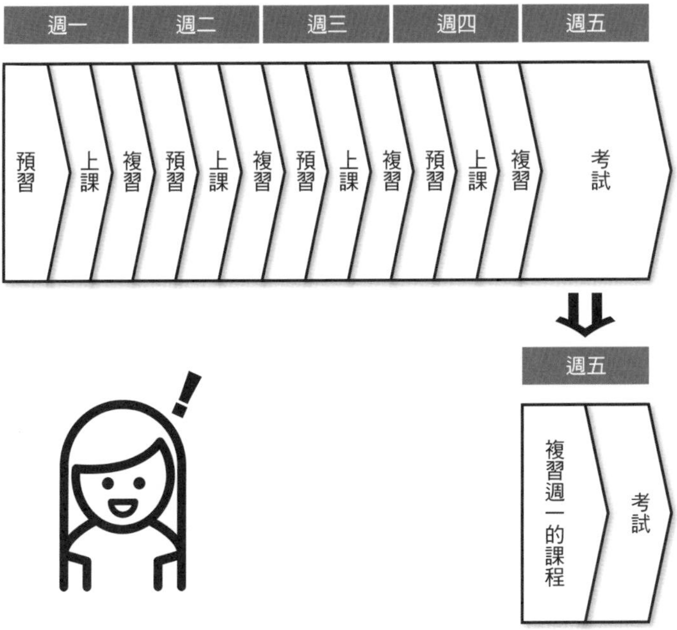

題點。此外，她還修改價值鏈分析圖，在考試前排進一組「複習週一課程」的時間表。

由上述例子來看，價值鏈分析的思考框架也適用於自我分析。

方法 4

「WILL-CAN-MUST」分析，讓熱情與任務之間取得平衡

接下來要介紹的思考框架叫作「WILL-CAN-MUST」分析，可用來思考如何在熱情與任務之間取得平衡點。

以下將分別拆解**WILL（想做的事）**、**CAN（能做的事）**、**MUST（必須做的事）**，並思考它們重疊的部分（可參見下頁）。這個思考框架雖然是由自我分析衍生而來，但用來思考企業或團隊的決策方向也很有效。

WILL、CAN、MUST 三者重疊的部份最有效率，且成功率最高。不論組織或個人都是一樣的情形。

因此，你必須針對「哪些部分應該重疊」、「若沒有重疊，該如何讓它們重疊」等觀點，重新擬定對策。

以下舉補習班小學生的案例說明重疊部分。小學生的答案如下：

WILL：想打電動。

MUST：唸書。

許多人一開始完全沒有重疊部分。因此，以下使用「為什麼思維」來分析看看。

「想打電動。」

為什麼想打電動？

「因為很開心。」

為什麼覺得開心？

「打電動可以晉級，而且會愈玩

讓熱情與任務取得平衡的思考框架

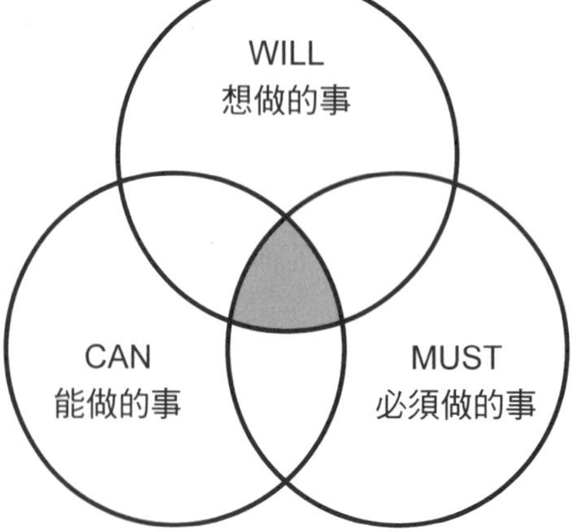

愈厲害。」

從上述的對答中，可以漸漸釐清這名學生想打電動的意圖。因此，若把MUST修正為「為這名學生找一本能令他獲得成就感的參考書」，如此一來，WILL 和 MUST 就會重疊，這名學生也能在開心的狀態下精進學業。

至於 CAN 與 MUST 之間的重疊，請參考前文介紹過的富士底片。由於富士底片分解了「生產底片」的業務（CAN），才能想出符合需求（MUST）的最新化妝品技術。

這個框架教你扮演提出反論的惡魔代言人，找出自己意見的漏洞

刻意構思反論也是一種簡單的思考框架。在提出「這個解決對策可以突破這個問題點」、「這個理由很適當」等假說時，一定要**構思相反立場的反論**。以下介紹小學生的問題與對策。

練習問題

試著舉例看看，你可以用什麼理由說服爸媽買電視遊樂器給你？

解答範例

1. 因為大家都有。
2. 唸書疲勞時，玩電視遊樂器可以放鬆一下。
3. 買了以後，我一定會用功讀書。

練習問題

那麼，試著站在家長的立場，個別提出反對的理由。

解答範例

1. 大家真的都有嗎？為什麼別人有，自己也一定非有不可呢？
2. 玩電視遊樂器真的有助於放鬆嗎？真的對讀書有良效嗎？會不會過度沉迷，反而沒時間唸書呢？
3. 目前為止，說好「絕對會做到」的事，有沒有不守承諾？

在構思反論時，重點是要先讓自己變得壞心眼。建立這種心態後，才會發現自己想法中的漏洞，進而得以做好萬全準備。

某些公司裡會在會議上特別指派人負責提出相反意見，這就是反論的思考框架，而擔任說反話的人則必須壞心眼到惡魔的地步才有效，我們也可以稱這個人為**「惡魔的代言人」**。

不論擬定什麼假說，隨時都要質疑：「真的嗎？」、「真的只有那樣嗎？」**先在心裡想好反論，可以鞏固自己的意見，即使對方的反應超出自己的預料，也能事先做好準備。**以下介紹幾個例子供各位參考。

意見：「如果七月時不舉辦降價促銷，營業額會被其他公司搶走。」

反論：「真的會發生這種事嗎？」

意見：「為了不讓其他公司搶走營業額，七月時一定要降價促銷。」

反論：「不讓其他公司搶走營業額的方法，真的只有降價促銷嗎？」

當自己的惡魔代言人，構思反論

方法5

「AISAS模式」5重點，幫你針對網路族群設計行銷方案

思考框架不勝枚舉，從經典款到新開發，種類繁多，而資深商務人士應該都擁有的專屬檢查明細表，也算一種思考框架。本單元介紹的AISAS模式屬於新開發的思考框架。接下來以網路購物為例，介紹消費者的行為流程。

注意：Attention
興趣：Interest
搜尋：Search
購買：Action
分享：Share

我們可從「搜尋」與「分享」兩個新項目感受到時代邁進，且網路交易的重點就在於能否順利攻下這兩個領域，我想不少人應該都深有所感。搜尋與分享之間的關聯處，正潛藏它們備受重視的祕密。

過去行銷市場將「搜尋」視為關鍵，十分重視產品呈現於搜尋引擎的樣子，但這種方式的效率相當低下。如今行銷重點在於將資訊分享到社群，並思考如何透過社群提升搜尋率。

另外，AISAS模式雖然是為了網路時代而開發的新型思考框架，但其中的「分享」其實就是「口耳相傳」。早在過去就有這種行銷模式，例如：鎖定影響力高的女高中生、女大學生、地區核心人物當作目標族群。

即使目標顧客是不上網的高齡者，這個模式依舊是不錯的分析著眼點。

為網路時代開發的思考框架：AISAS 模式

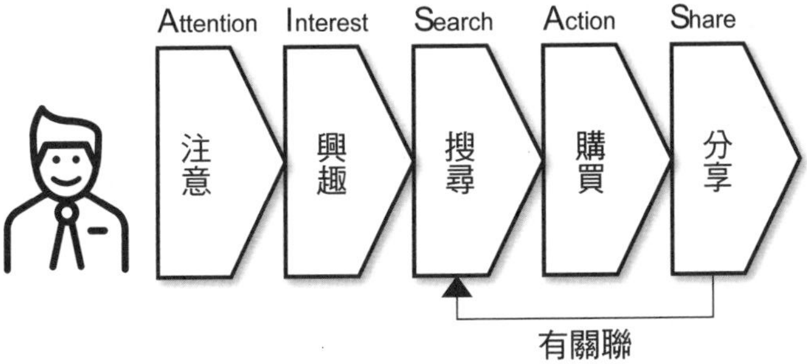

這個框架教你在網路世界裡，怎樣讓消費者願意掏錢購買

截至目前為止，關於網路行銷的「勝利方程式」尚未完成。但我們不可輕忽分享的力量，現在許多企業除了煩惱「如何讓消費者掏錢消費」，還頭痛於「如何讓消費者願意分享資訊」的問題。

然而，「讓人有分享欲望的商品會熱賣」的現象雖層出不窮，卻找不到幾間企業具備這類行銷技能，能滿足消費者想分享的欲望。

在此，我希望各位可以回想起之前提過的重點，不論什麼解決對策，都無法保證接下來的發展一帆風順，畢竟只不過是假說。此外，針對從思考框架中發現的論點，別忘了實踐假說、驗證結果的一系列流程。

能想到什麼對策行銷化妝品？

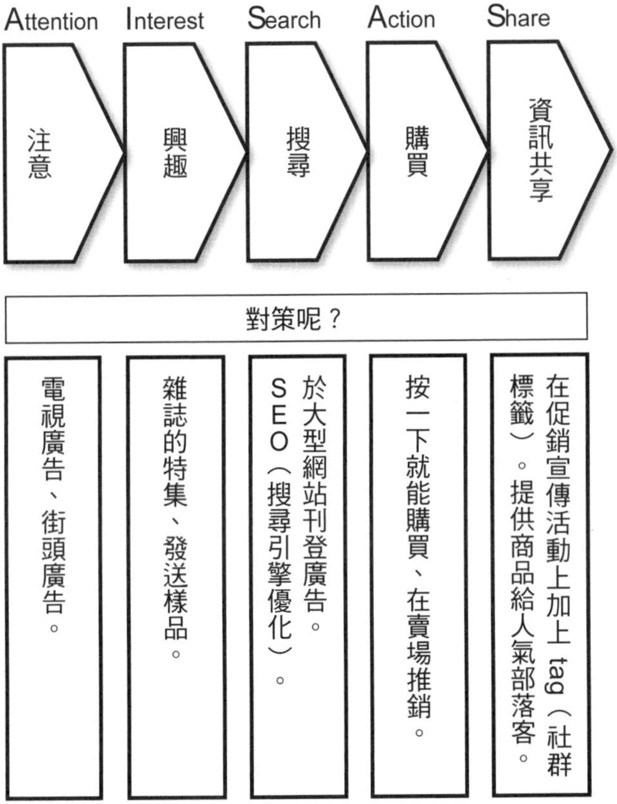
Attention
注意
Interest
興趣
Search
搜尋
Action
購買
Share
資訊共享
對策呢？
電視廣告、街頭廣告。
雜誌的特集、發送樣品。
於大型網站刊登廣告。SEO（搜尋引擎優化）。
按一下就能購買、在賣場推銷。
在促銷宣傳活動上加上 tag（社群標籤）。提供商品給人氣部落客。

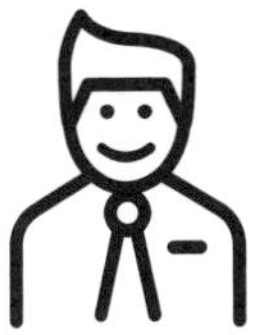

活用以上5方法，一張表勾勒出自己專屬的思考架構

本書介紹的思考框架都由商務專家提出，且運用層面相當廣泛。然而，在你的職業領域中，你也稱得上是專家。請務必試著回顧自己的工作經驗，勾勒出屬於自己的思考框架。**別把思考框架想得太艱深，當作自己的專屬檢查明細表即可。**

舉例來說，在構思新服務事業或企業提案時，Lojim 補習班會請大家提出「家長觀點、學生觀點、社會觀點」等三個檢查元素，也就是從「對家長有利的地方、對學生有利的地方、對社會有利的地方」三個層面思考。出乎意料地，從小學生的角度來看，家長與學生的利害並沒有達成一致。此外，不要只站在當事人的立場思考，務必考慮到社會中的小學生角色，並從這個角度思考社會大眾的看法。

應用篇

如何解決腳踏車違規放置的問題？

最後針對目前所學，依序回顧與確認。請試著思考以下的問題。

練習問題

車站前閒置的腳踏車很佔位子，請構思解決對策。

步驟一：構思論點

1. 請以抽象、深層的視角思考「為什麼」。
2. 利用思考框架提出論點。

針對上述問題，我們可以得出以下想法：

1. 因為會妨礙學生通學，很危險。

論點：為了行人著想，安排沒有閒置腳踏車的其他通學路徑。

2. 試著拆解「閒置腳踏車會造成的困擾」。

論點：閒置腳踏車導致道路變窄，因此不只要「減少數量」，還要「拓寬道路」。

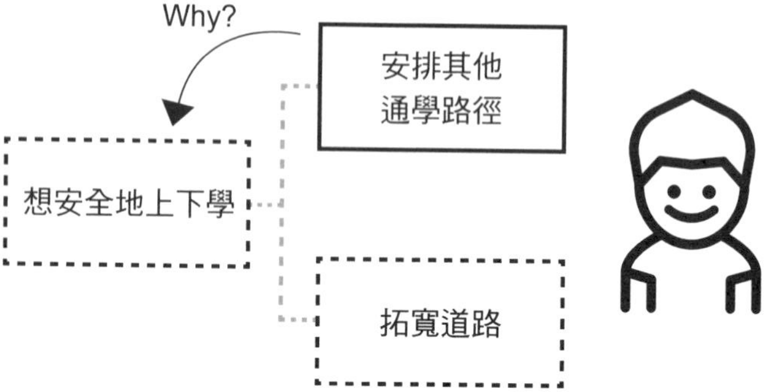

步驟二：針對每個論點構思對策

在此以奔馳法作為思考框架，構思如何減少閒置腳踏車數量。

對策一：搭乘公車一律免費（替代）。

對策二：在車站附近設置腳踏車停車場（修正）。

對策三：一旦發現閒置腳踏車，當日立刻拖走（消除）。

步驟三：實施對策並驗證

由於不知道哪個方案有效，趕快實踐看看。上述對策中，對策一與對策三看起來比較容易實施。

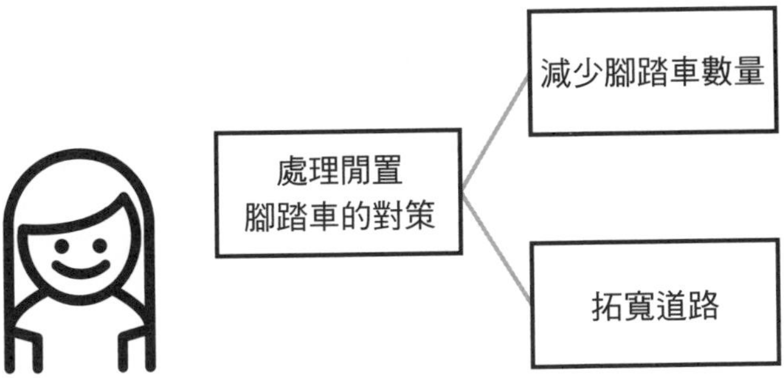

對策一的實踐與結論：無效

- 實踐：對策一含有隱性前提「因為公車車資高，所以才騎腳踏車」，但這個前提其實有誤？也可能因為家裡附近沒有公車站才騎腳踏車？
- 結論：繼續調查。

對策二的實踐與結論：閒置腳踏車漸漸減少

- 實踐：這個對策可以採用？
- 結論：還無法做決定，且費用比預想多。由於這個對策的隱性前提為「最不花成本」，所以還必須比較「增加公車站」及「設置腳踏車停車場」的成本。

步驟四：下次的作業

1. 調查即使免費也不搭公車的理由。
2. 進行意見調查：「如果家附近設置免費公車的站牌，是否搭乘」，並估算免費公車的成本。

3. 在車站附近設置腳踏車停車場的費用。

4. 比較各個對策的費用。

以上簡略地進行一次模擬。由於許多論點與對策來自小學生的解答範例，各位肯定能想到更具體的對策。然而，不論什麼對策都只是假說，先別預設假說最後是否有效，而是將上述流程當作模式記下來。

可利用身邊例子練習解決問題的步驟。在 Lojim 補習班，就是從自己關心的問題開始解決，將身邊的事物當作題材，藉此培養解決問題的能力。

在職場中，除了必須實際解決的問題，也可試著將他人的問題當作題材，甚至可以電視或網路上看到的有趣話題，充當腦力激盪的材料！

結案後就沒事了？要記得用這道程序以免功虧一簣

讓我們回想一下，在第二部第四堂課開頭時提到的新商標圖案，最後順利做出決定嗎？其實，後來仍在兩個設計案之間猶豫不決，並沒有順利做出決定，因為在會議上，有個無法當場確認清楚的關鍵問題。

關鍵問題是「哪個商標圖案能讓路過的人印象深刻？」這種情況下，一般會採取多數決。由於沒人能預測最終結果，採取多數決是為了把責任分攤給每個人，避免讓決定的人獨自負起重責。**然而，多數決的方法有個缺點，就是決定後，大家通常都對結果漠不關心。**

第二部的內容以事前收集資訊、整理論點為主題，但最重要的還是第一部提到的「做決定後，後面還有許多事要做」。

不論職場中或自己的私事，我們必須在不確定的情況下做出許多決定，就像商標圖案的問題一樣。請各位將不確定因素視為理所當然並欣然接受吧！只要決策後好好擬定反省修正計畫、確實執行，讓自己做的決定朝好的方向發展，就是有意義的決定。

提早嘗到失敗滋味，才能成長為一流人才！

解決問題時，最重要的是擬定多個假說並迅速實踐，請務必放棄「一次就解決」的夢想。因此，將「解決的可能性」作為取捨或選擇論點的角度非常重要。

舉例來說，像我們這種小型補習班，若為了解決「希望有更多學生來上課」的問題，而提出論點：「把小學的上課時間縮短為四堂課，讓學生下午能到補習班」，並以這個論點想出相關對策，但從立場來說，這其實毫無意義。

我們必須懂得捨棄的藝術，就算提出的論點不夠有影響力，只要可以迅速實踐，就應該列為優先。此外，**是否可以確實驗證、修正與改善，也是重要的關鍵點**。若假說難以實行，或是浪費太多時間，甚至可能失去再度挑戰的機會，就不該視為優先選項。

例如，若想提高數學成績，比起實踐「用半年時間勤做風評高的題庫」，應該優先實踐「針對不擅長的領域，花一週時間提升實力」的對策。

讀完第一部及第二部的內容，你已經學到解決問題及設定問題的技巧。從今天開始，請試著實際使用這些技巧吧！

透過不斷地從錯誤中嘗試，就可以提升精準解決問題的能力。面對眼前出現的問題、將來可能出現的問題時，能夠提早處理、提早嘗到失敗滋味的人，才能成長為一流的人物。

後記
沒有100%正解的年代，更需要正確的邏輯思考工具

本書內容重現 Lojim 補習班的課程。我開辦這家補習班的目的，是為了讓學生擺脫過去的學習模式，也就是不再以應付考試為目的，牢背死記課本中的內容，而是學會自己設定問題，並透過在錯誤中持續嘗試，了解解決問題的技巧。

社會不同於考試，並非「答錯畫叉」就結束。若能快速修正問題，就有機會成功。此外，社會和考試還有個相異點，就是不會提供明確的問題。

Lojim 課堂上教授的解決問題課程，可用來填補舊有學習方式與社會所需能力之間的落差。至於那些問題明確、不需要在錯誤中嘗試的工作，最容易被機械取代。我想應該不難理解，公司為什麼通常把不太需要動腦思考的工作，交給尚未熟悉公司內務的新人處理。

你已經學會本書傳授的內容，應該不再畏懼在決策中遭逢失敗。我希望所有人都能從本書中學習，培養出「接受失敗並從中成長」的挑戰精神。

NOTE

NOTE

國家圖書館出版品預行編目（CIP）資料

如何打造「長銷」的思考框架：學習邏輯、提問5堂課，解決想不出創意的困擾！/ 苅野進著；童唯綺、黃瓊仙譯
——初版. ——臺北市；大樂文化，2018.09
面； 公分. –（Smart：74）
譯自：10歳でもわかる問題解決の授業

ISBN 978-986-96873-1-7（平裝）
1. 思考
176.4　　107014912

Smart 074

如何打造「長銷」的思考框架

學習邏輯、提問5堂課，解決想不出創意的困擾！

作　　者／苅野進
譯　　者／童唯綺、黃瓊仙
封面設計／蕭壽佳
內頁排版／思　思
責任編輯／劉又綺
主　　編／皮海屏
發行專員／劉怡安
會計經理／陳碧蘭
發行經理／高世權、呂和儒
總編輯、總經理／蔡連壽
出 版 者／大樂文化有限公司（優渥誌）
地址：新北市板橋區文化路一段 268 號 18 樓之 1
電話：（02）2258-3656
傳真：（02）2258-3660
詢問購書相關資訊請洽：2258-3656
郵政劃撥帳號／50211045　戶名／大樂文化有限公司

香港發行／豐達出版發行有限公司
地址：香港柴灣永泰道 70 號柴灣工業城 2 期 1805 室
電話：852-2172 6513　傳真：852-2172 4355

法律顧問／第一國際法律事務所余淑杏律師
印刷／韋懋實業有限公司

出版日期／2018 年 9 月 27 日
定價／280 元（缺頁或損毀的書，請寄回更換）
I S B N　978-986-96873-1-7

大樂文化

大樂文化